JN094715

なるには
BOOKS

高校調べ

商業科高校

中学生のキミと
学校調べ

大岳美帆 著

全国中学校進路指導・キャリア教育連絡協議会推薦

ぺりかん社

はじめに

　この本を手に取ったのは、商業科高校に関心があるからでしょうか。なかには「何も考えずに普通科高校に進んでしまって、いいのかなあ」と悩んでいる人もいれば、「将来は会社を起こして、ビジネスで成功したい」などと、具体的な夢をもっている人もいるかもしれません。

　「商業」は私たちの生活を支える経済活動です。それだけに、実はとても身近な学問なのです。けれど、今やグローバル化の進展や情報技術（IT）の進歩が驚くほど速くなり、学問として学ばなければならない領域の幅がどんどん広がってきています。
　単に専門知識だけを吸収していたのでは、社会に対応できなくなってしまいます。実際に今、日本のベンチャー企業が「月」を舞台にしたビジネスに挑み始めているくらいなのですから。

　世の中の速い動きに、敏感に対応できるビジネスパーソンを育てるために、商業科高校では「専門的な知識」×「問題解決力」を武器にできるように、技術的なことだけではなく、ビジネスにおける課題を解決する力や主体的な行動力、コミュニケーション力を養うことをめざしています。

商業科高校のカリキュラムの特徴（とくちょう）は、実務に役立つ知識と技術を習得し、「なぜそうなるのか」を実践的（じっせんてき）かつ理論的に学ぶ授業が多いことです。授業の一環（いっかん）で資格を取得する学校がほとんどなので、それが進学にも就職にも有利に働きます。

「へえ、そうなんだ」「でも、そもそも"商業科高校"って呼ぶの?」と思った人もいることでしょう。
　それぞれの職業で必要とされる知識や技術を中心に学ぶ専門高校には「農業高校」「工業高校」「商業高校」「水産高校」などがあり、みなさんにはその呼び方のほうが、なじみ深いかもしれません。

　ただ本書では、「普通科」に対して、文部科学省（もんぶかがく）の専門学科高校の名称（めいしょう）に準じて、同省『専門高校パンフレット』にある「学科名」をシリーズ内のタイトルとすることにしました。
　また「商業」という言葉が高校名になくても、商業科がある高校やビジネスを学べる高校があります。この本を参考にして、地域の高校を調べてみてください。

高校調べ

商業科高校 ——中学生のキミと学校調べ

5

3章 どんな行事があるの❓

4章 卒業したらどんな進路があるの？

5章 商業科高校をめざす！

● 本書に登場する方々の所属などは取材時のものです。

［装幀・本文デザイン・イラスト］熊アート　　［本文写真］取材先提供

1章

商業科って
なんだろう？

商業科ってどんなところ？

ビジネスに必要な実践力が身につく

商業活動のさまざまな知識を学ぶ

　みなさんは商業科高校に、どんなイメージをもっていますか。「卒業後は就職する人が多い」、これはほんとうによく耳にしますが、「普通科」の高校に比べたら、高卒で就職する人が多いのは事実です。2020年度は全国の卒業生のうち4割近くが就職を選びました。

　農業科、工業科、商業科、水産科、家庭科、情報科など「専門学科」のある高校では、それぞれの職業で必要とされる知識や技術を習得します。その分野の専門知識や技術を身につけ、即戦力となって活躍する若い力を求める企業は少なくありません。

　商業科高校には就職への道も、大学や専門学校などに進学する道も、どちらも開かれているのです。

　では、そもそも「商業」とは何でしょうか。簡単にいうと、「商品の売買を通して、利益を得ることを目的とする事業」のことです。商品の売買を生業にしている人を「商

人」と呼び、商品取引を中心に行っている企業は「商社」と呼ばれていることは、みなさんも知っていると思います。

　もし商業を担う人や企業が、世の中からなくなったとしたら？　ちょっと想像してみてください。スーパーマーケットや小売店がないのだから、食材が必要になったら、直接農地や漁場に行って買い求め、文房具やパソコンが必要なら、工場に足を運ばなくてはなりません。「こんなサービスが欲しい」と思ったら、誰に頼めばいいのでしょうか。

　生産から流通、販売といった「商業」を担う存在があるからこそ、私たち消費者は必要なものを、必要なときに、必要な量だけ、手に入れることができるわけです。

　商業科高校は、世の中に不可欠なこの「商業活動」について専門的に学ぶ高校です。仕入れや管理をはじめ、企業運営に必要な記録を作成する簿記の技術や物を売る戦略であるマーケティング、コンピュータによる情報処理のスキルなどを学び、ビジネスに必要な実践力を養う場です。

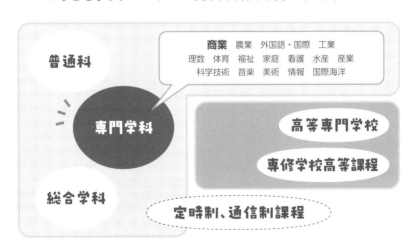

普通科

専門学科

商業　農業　外国語・国際　工業
理数　体育　福祉　家庭　看護　水産　産業
科学技術　音楽　美術　情報　国際海洋

総合学科

高等専門学校

専修学校高等課程

定時制、通信制課程

どんな **学習** を するの？

ビジネスパーソンになる資質をみがく

標準的な学科で学ぶこと

　高校によっては、「商業科」のほかに「会計科」や「情報処理科」「流通経済科」など、いくつかの学科（正確には「小学科」といいます）を設け、より専門的に学ぶカリキュラムを用意しています。

　従来からある商業科では、生産者と消費者をつなぐ流通の仕組みや販売の管理、企業に不可欠なマーケティングや法律、簿記、会計、情報処理などの科目を学び、ビジネス全般に通用する力をつけることをめざしています。

　会計科では企業の経営状況を記録して、計算・整理をする技術を深く学び、情報処理科ではプログラミング学習や最先端の ICT（Information and Communication Technology）を用いた学習プログラムにのっとって、情報処理の知識や技術を身につけます。流通経済科では販売活動や広告、経営活動についてより深く学び、社会で通用するマーケティング能力やマネジメント能力をみがきます。

専門性を深めた学科の設置

　この10年間でも通信技術やコンピュータの発達によって、社会の情報化やグローバル化は急速に進みました。商業科高校にも、これまで設置されていた商業科や会計科、情報処理科といった標準的な学科のほかに、数多くの新しい学科が生まれました。

　従来の「事務科」や「経理科」の代わりに、ビジネス全般の基礎科目に加えてWeb制作なども学ぶ「ITビジネス科」に改編したり、地域の企業と連携してSDGs（持続可能な開発目標）などについて学ぶ「地域ビジネス科」を設置したりと、そんな改革を進める動きを見ると、それぞれ

A 商業高校の学科例
● 会計ビジネス科　● ITビジネス科
● グローバルビジネス科

B 商業高校の学科例
● 商業科　● 地域ビジネス科　● 国際経済科
● 流通経済科　● 情報ビジネス科

C 商業高校の学科例
● 商業科　● 会計科　● 情報処理科

D 商業高校の学科例
● 流通ビジネス科　● ビジネス情報科
● 会計科　● グローバルビジネス科

の高校がさまざまなビジネスシーンで活躍できる人材を育成しようとしていることがわかります。

　そのほかにも会計ビジネス科、情報ビジネス科、国際ビジネス科、グローバルビジネス科、国際経済科、流通マネジメント科など、全国で30種類以上の学科があり、選択の幅を広げています。

　学科名を見ると、どんな分野にウエートが置かれているか、なんとなく見当がつくのではないでしょうか。入学時から学科に分かれて学ぶ学校と、２年生から分かれて学ぶ学校があります。

必要に応じて進化する学び

　東京都では2018年に都内の全日制商業科高校の商業科を「ビジネス科」に刷新しました。東京都独自の学校設定科目「ビジネスアイデア」の授業では、企業と連携してビジネスを実地に学ぶ機会を設け、ビジネスの仕組みや商品開発の知識を深めました。

　また都内には、ビジネスコミュニケーション科のみを置き、英語教育とビジネス教育を重視した進学型商業科高校（進学型専門高校）も設置されています。

　科目については30ページで説明しますが、2022年度から教育課程に新たな専門科目として、「観光ビジネス」が加わりました。インバウンド需要（外国人観光客の旅行需要）の拡大や地域の活性化をめざして、観光ビジネスを担う人材の育成が目的です。

　観光地やリゾート地などの観光資源がある地域では、商業科高校に「観光クリエイト科」や「リゾート観光科」といった、観光ビジネスに関係する学科を設けている学校もあります。

定時制課程でもビジネスを学べる

　かつては経済的な理由から、働きながら学ぶ生徒が通うために設けられた課程でしたが、今は定時制課程を選ぶ理由もさまざまになりました。文部科学省の調査によると「高校の卒業資格が必要と思ったから」という理由がいちばん多く、つぎに多かったのが「自分のペースで学習が進められると思ったから」というものでした。

　商業科高校のなかにも、夜間に授業を行う定時制課程を設置している学校があります。定時制課程は決められた科目の単位を取得すれば卒業できる単位制の高校で、４年間で卒業できるカリキュラムになっています。

　ある定時制高校の商業科では、国語、数学、英語、理科、社会の主要５教科と保健体育、家庭科、音楽に加え、簿記やビジネス基礎、財務会計、原価計算、ビジネス情報、情報処理などの専門科目を学びます。

　部活動や学校祭などの行事はもちろん、校外学習や商品開発などを通して、協働して課題を解決するおもしろさを味わい、学習の成果が表れる簿記や情報処理、ビジネス文書実務などの検定にも挑戦しながら、卒業をめざします。

どんな 生徒 が 多い？

それぞれの学校がもつ特徴にひかれて

全体的に女子生徒の割合が多い

　商業科高校の定員には、男女で分けられた人数枠（わく）はありません。男女比でいうと、学校や学科によって異なりますが、全体としては女子生徒の割合が多いようです。

　みなさんは小学校の社会科の授業で「高度経済成長期」について、習ったでしょうか。高度経済成長期とは、1950年代の半ばから1970年代のはじめくらいまで、日本が急速に経済発展した時期のことです。

　そのころ商業科高校に入学する女子が多かったと記録されています。当時、事務や経理は女子の仕事でした。多くの企業（きぎょう）が、簿記やそろばんの技術や実践的（じっせんてき）な事務処理能力のある人材を定期的に募集（ぼしゅう）していたため、商業科高校を卒業した女子は就職に困ることがなかったのだそうです。

　そうした背景もあって、商業科高校で学べる簿記や電卓（たく）、パソコンの知識や技術は、経理職や事務職への就職に有利だと考える女子が今でも多くいて、商業科での男女比に反

映されているのです。

　東京都の商業科では、男女比が３．７という学校もあれば、商業科でも大学受験コースでは５：５という学校もあります。また、プログラミング言語やコンピュータ技術などを重点的に学ぶ情報処理科やITビジネス科などは男子が多い傾向にあるようです。

親子三代にわたって通った人も

　商業科高校では地元で働くことを前提に、地域の企業や大学などと連携した取り組みを行っているところも少なくありません。実際に地域の企業への就職者も多いので、学校そのものの存在は、地元ではよく知られています。

　たとえば、資格取得の勉強に力を入れているとか、推薦で難関大学に進学する卒業生が増えたとか、公務員になる人が多いとか、あるいは甲子園で野球部が活躍したとか、陸上競技の強豪校として新聞に載ったなどなど、いろいろな話題を地元に提供していることと思います。

　どこに魅力を感じるかは、人それぞれ異なると思いますが、校風や活動、就職先や進学率など、その商業科高校がもつ特徴にひかれて入学を決める人がほとんどです。

　また「親が通っていたから」「兄弟、姉妹が通っているから」という理由で入学する人も多いそうです。親子三代で同じ高校に通ったという人もいます。専門知識を習得できることも重要ですが、商業科高校では社会人として必要な礼儀やマナーが身につくことも魅力だと聞きました。

商業科 ならではの学び

課題解決力、実践力を身につける

授業の3分の1が「ならでは」の学び

　商業科高校では全体の授業の約3分の1は、仕入れや販売管理、流通の仕組みやマーケティング、簿記、会計、情報処理、ITビジネス、関係する法律、経済、国際ビジネスなど、普通科では勉強しない商業科目を勉強します。

　そのなかでも特徴的なものをお話ししましょう。それは、商業科目で身につけた知識や技術などをベースにして、生徒が何人かのグループになって、取り組むというものです。そのひとつが「課題研究」という科目です。

　2022年度から普通科高校のカリキュラムとして「総合的な探究の時間」が始まりましたが、商業科高校では「総合的な探究の時間」が始まるずっと以前から、「課題研究」として、探究型の授業を行ってきました。

「課題研究」を2年生で履修するか、3年生で履修するかは学校によって違いますが、「総合的な探究の時間」の代わりに履修することになっています。

解決策を探究する「課題研究」

　毎年、地域にかかわる課題などが盛り込まれた、さまざまな講座が用意されます。そのなかから興味のある講座を選択し、何人かのグループに分かれてビジネスに関する課題を見つけ出し、1年かけて解決策を探究していくのです。最終的にその成果をグループでまとめて、みんなの前で発表します。講座例は62ページを見てみてください。

　「課題研究」はグループワークが基本なので、協調性やコミュニケーション力をはじめ、ともに課題を解決する力がみがかれます。ディスカッションやフィールドワーク、発表会の資料作成を通して思考力、判断力、表現力なども鍛えられます。このように課題に取り組む姿勢や、課題について考え解決する力、実践力、地域との連携、地域への理解力を養うことを重視した学びは「商業科高校ならでは」といえます。

実務体験型の「総合実践」

　同じような科目に「総合実践」があります。「総合実践」も2年生で履修するか、3年生で履修するかは学校によって異なります。

　「総合実践」ではビジネスの実務を実践したり、体験したりする中で、どんな課題があるかを学び、社会に出たときの応用力を養うことを大切にしています。

　ある学校では、商社や運送会社などの模擬会社を教室に

つくり、生徒はその会社の社長や経理担当者、銀行員の業務を体験します。仕入れや販売などを実践し、企業のお金や経済がどのように動いているかを、体験を通して学ぶのです。この体験学習には伝票の作成やパソコンの操作、電話の応対や接客なども含まれていて、社会人としてのマナーも身につけられるカリキュラムになっています。

地域連携授業のひとつ「商品開発」

　商業科高校では2013年度に「商品開発」（現在の科目名は「商品開発と流通」）という科目が新設されました。何人かのグループに分かれて、地元の企業などと共同で商品開発を行うというものです。

　ひとつの商品を開発するには、商品開発の方針やコンセプトを明確にする必要があります。商品を取り巻く環境について調べなくてはならないし、市場調査も必要です。企画を通すためには、企画書を作成してプレゼンテーションを行わなくてはなりません。そういったことを企画段階から、地元企業の担当者と話し合いながら進めていきます。

　生徒の話では、商品ができあがるころには企画や開発、流通に必要な知識、マーケティングのノウハウなどを習得できたことを実感するそうです。「商品開発」の授業から、さまざまな商品が生まれているだけでなく、この授業を活かした大会も毎年開かれています（63ページ参照）。

検定試験の勉強ができる

　商業科高校では授業の理解度を測るために、さまざまな商業系の検定試験を受けることができます。

　よく知られているのが「簿記検定」です。

　この試験を主催する団体には主に全国商業高等学校協会（全商）と日本商工会議所（日商）、全国経理教育協会（全経）の三つがあり、試験内容や合格率などに、それぞれ違いがあります。

　全商協会は商業を学ぶ高校生を対象に、毎年何種目もの検定試験を実施しています。全商協会の検定試験は企業に高く評価されているうえ、検定資格の取得が大学の推薦入試に有利なことから、検定試験に挑戦する生徒がたくさんいます（66ページ参照）。

2章

どんなことを
勉強するの？

商業科高校は
こんなところ！

社会を豊かにするビジネスを学ぶ商業科高校、ここには商品や企画のアイデアがいっぱい！

トロフィーたくさん

さまざまな検定にチャレンジできるのも商業科高校ならでは！

ビジネス英語

質の高い英語の授業が多いのも魅力（りょく）。ここは英語の本だけが置いてある「イングリッシュルーム」。

総合実践室

いつもの教室だけでなく、課題研究や総合実践では活発に意見を言い合える大きな部屋で実習（じっせん）。

簿記の全国大会出場！

商業科高校の簿記部（ぼき）はハイレベル。全国大会では高校同士で競い合う！

文化祭

地域の小中学生も遊びに来る学校祭。準備から打ち上げまで最高に盛り上がる！（も）

企業とコラボ

養蜂（ようほう）をしている部活動では、採れたハチミツを地域の企業（きぎょう）とジャムなどの商品にするプロジェクトを展開。お菓子（かし）を購買（こうばい）できる取り組みがある学校も。

部活動

高校生だからこその部活動にも全力投球！　なかにはボート部が強い学校も。

Ⓐ 愛知県立愛知商業高等学校
Ⓣ 東京都立千早高等学校
Ⓤ 栃木県立宇都宮商業高等学校
Ⓨ 横浜市立横浜商業高等学校

どんな 一日 を 過ごすの？

勉強に部活動にと、充実の日々

商業科高校生の一日

　学校によって 5 分、10分の差はありますが、基本的に朝は 8 時35分から、その日の連絡事項などを伝えるショートホームルーム（SHR）で始まります。1 時間目の授業は 8 時50分に始まることが多いです。SHR の前に登校して、部活動の朝練や自習をがんばる人もいますし、朝学習の時間を設けている学校もあります。

　授業時間はたいてい50分で、午前中に 4 時限の授業を受け、お昼休みは12時40分から。午後に 2 時限の授業がある一日 6 時限授業というのが一般的です。

　学校によっては、ほぼ毎日 7 時限目に資格取得に向けた勉強をする学校や、決まった曜日だけ 7 時限目に授業を行っている学校もあります。

　科目を学ぶ授業のあとは、ロングホームルーム（LHR）の時間です。LHR ではキャリア教育の授業をしたり、与えられた課題に取り組んだり、文化祭や行事の企画や準備

に費やしたり、内容は学校によって違いますが、実践的な活動がメインです。

　そして放課後は、部活動や生徒会・委員会活動に専念するほか、教室や図書館で自主的に検定試験の勉強をする人も少なくありません。

選択科目の選び方

　2年生からは選択科目が増えるので、科目によっては仲のよいクラスメートと別の教室で、授業を受ける時間も出てきます。

　なぜ選択科目があるのでしょうか。それは、自分がめざ

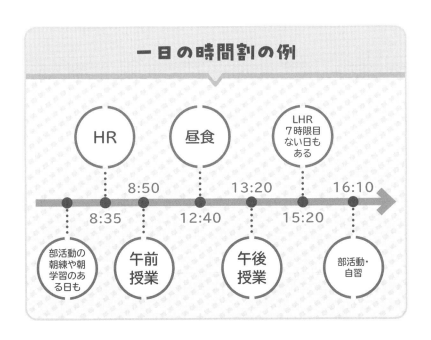

一日の時間割の例

HR　　昼食　　LHR 7時限目ない日もある

8:50　　13:20　　16:10

8:35　　12:40　　15:20

部活動の朝練や朝学習のある日も　　午前授業　　午後授業　　部活動・自習

す進路に応じて、生徒それぞれが自分で選んで学ぶ仕組みになっているからです。大学への進学を志望している場合には、受験科目を重視しなくてはならないし、就職を考えている場合も、その仕事に役立つ科目を学んでおくに越したことはありません。

　選択科目を決める時点で、進学したい大学や学部、学びたい分野がはっきりしていないという人や、将来なりたい職業も決まっていないという人もいるかもしれません。でも、焦らなくても大丈夫です。「学ぶ」ということにむだなものなどありませんし、先生に相談すれば、きちんと指導してくれます。

　高校時代は将来の進路を決める大切な時期なので、先生と相談しながら、進路目標や学習計画をしっかり立てて勉強してください。そうして夢を実現した先輩がたくさんいます。

部活動を楽しむ

　高校生活を盛り上げる活動のひとつが部活動です。商業科高校にも運動系、文化系を問わずさまざまな部があり、全員加入制の学校もあれば、入部するかどうかは自由という学校もあります。

　運動系の部活動では、中学校にある部活動のほかに、高校だからこその部活動があります。たとえば登山部、ボート部、弓道部、フェンシング部、ラグビー部、アーチェリー部、レスリング部などです。

　商業科高校の野球部は、甲子園で活躍する強豪チームが多いことで知られていますが、高校によっては、いくつもの部が全国レベルで活躍しています。

　文化系の部活の種類は、中学校とあまり変わりませんが、商業科高校ならではの独自の部活動があります。それが、簿記部や珠算部、ビジネス計算部、ワープロ部、情報処理部、IT ソリューション部、商業研究部などで、これらの部活動は、運動系の部活が全国大会をめざすように、全商協会が主催する全国競技大会を目標に、日々活動しています（66ページ参照）。

3 年間で どんな科目を学ぶの？

専門科目は四つの分野に分けられる

1年生ではしっかり基礎を

　商業科高校のホームページに公表されている教育課程表には、1年生から3年生まで、学年ごとに学ぶ科目が記入されています。それをわかりやすく横に並べたものが31ページの図です。一般的には1年生で基礎的な科目を学習し、2年生から自分が得意な分野や習得したい分野の選択科目を選んで学んでいきます。

　教育課程表に必修と書いてある科目は、必ず受講しなければならない科目です。選択科目は学校によっても違いますし、学科やコースによっても異なります。では、表に書かれている科目がどんな科目なのか、説明していきましょう。

　専門科目はマーケティング分野、マネジメント分野、会計分野、ビジネス情報分野の四つに分けられます。「ビジネス基礎」という科目は分野を問わず、3年間で学習する商業科目の全体を紹介しながら、その基礎的な内容を身に

〈商業科３年間の時間割の例〉 □ は商業に関する科目

1年生

| 現代の国語 | 言語文化 | 公共 | 数学Ⅰ | 科学と人間生活 | 体育 | 保健 | 芸術選択 | 英語コミュニケーションⅠ | ビジネス基礎 | 簿記 | 情報処理 | 総合実践 | LHR |

必修 ← → 選択 ←→

2年生

| 国語選択 | 歴史総合 | 地理総合 | 数学Ⅱ | 理科選択 | 体育 | 保健 | 家庭基礎 | 英語コミュニケーションⅡ | マーケティング | 財務会計Ⅰ | 原価計算 | 課題研究 | ソフトウェア活用ほか | 簿記ほか | LHR |

必修 ←→ 選択 ←→

3年生

| 現代文B国語表現ほか | 世界史探究日本史探究地理探究ほか | 数学ⅡまたはB | 体育 | 英語コミュニケーションⅢほか | 課題研究 | 財務会計 | ネットワーク活用ほか | グローバル経済ほか | 商品開発と流通ほか | 普通・商業共通科目 | LHR |

選択 / 必修 / 選択 / 必修 / 選択 / 選択

〈情報処理科３年間の時間割の例〉 □ は商業に関する科目

1年生

| 現代の国語 | 言語文化 | 公共 | 数学Ⅰ | 体育 | 保健 | 英語コミュニケーションⅠ | 論理・表現Ⅰ | ビジネス基礎 | 簿記 | 情報処理 | プログラミング | LHR |

必修 ←→ 選択 ←→

2年生

| 文学国語 | 地理総合 | 数学Ⅱ | 科学と人間生活 | 体育 | 保健 | 英語コミュニケーションⅡ | 家庭基礎 | 財務会計Ⅰ | 原価計算 | ネットワーク活用 | 課題研究 | LHR |

必修 ←→ 選択 ←→

3年生

| 現代文Bほか | 国語表現 | 公共 | 数学Ⅱ | 生物基礎 | 体育 | 芸術選択音楽Ⅰ美術Ⅰ | 英語コミュニケーションⅡ | 英語コミュニケーションⅢ | 課題研究 | 総合実践 | ネットワーク活用 | 数学Bフードデザイン | LHR |

必修 ←→ 選択

つける科目なので、1年生で全員が学びます。

マーケティング分野とマネジメント分野

　マーケティング分野は、消費者が商品を買うまでの行動や意識などを調べて、新しい商品やサービスを開発したり、販売活動のノウハウなどを学びます。生徒たちが商品開発をして、実際に販売している学校もあります。科目では「マーケティング」「商品開発と流通」「観光ビジネス」が、この分野になります。

　マネジメント分野では、社会生活に欠かせない経済の仕組みを勉強します。「景気」や「経済成長」「金融政策」など、ニュースに出てくる言葉が深く理解できるようになります。また自分で事業を起こす「起業」についても学べます。科目では「ビジネス・マネジメント」「グローバル経済」「ビジネス法規」がこの分野です。

会計分野とビジネス情報分野

　つぎに会計分野ですが、この分野では会社が取引をするさいの商品やお金の流れから、その会社の価値や利益などがわかる資料の作成について、くわしく学びます。公認会計士や税理士など会計のスペシャリストをめざすのであれば、しっかり習得しておきたい分野です。科目では「簿記」「財務会計Ⅰ」「財務会計Ⅱ」「原価計算」「管理会計」がこの分野となります。

ビジネス情報分野では、パソコンのワードやエクセル、プレゼンソフトの活用方法をはじめ、ネットワーク技術や情報セキュリティーなどのコンピュータの基礎知識、加えてプログラミング言語も学べます。インターネットを活用したビジネスは拡大し続け、情報セキュリティー管理に関する知識が不可欠な時代になりました。この分野では「情報処理」「ソフトウェア活用」「ネットワーク活用」「プログラミング」「ネットワーク管理」などの科目によって、情報社会に対応する力を養います。

総合的な科目

　すでに説明をした「課題研究」と「総合実践」は、総合的な科目という位置づけです。さらに総合的な科目として学ぶ「ビジネス・コミュニケーション」では、ビジネスのさまざまな活動をスムーズに進めるためのノウハウとマナーを身につけることができます。

　このほかにもその地域や学校の特性を活かした学校設定科目を設けて、独自性のある授業を行っている高校も数多くあります。

どんな が 教えてくれるの？

卒業生が先生として戻ってきた!?

商業科の先生になるには

　商業科高校では、どんな先生が教えてくれるのかを話す前にまず、どうしたら商業の専門科目を教える先生になれるか、ということをお話ししておきます。

　一般的に商業科の先生になるには、大学の経済学部、経営学部、商学部などで、「高等学校教諭一種（商業）」の教職課程を履修しなければなりません。必要な単位を取って教員免許を取得しても、すぐ教員にはなれません。つぎは自治体が実施する教員採用試験に合格しなければならないのです。

　商業科高校は普通科より学校数が少なく、教員の採用数が限られているため、採用試験の倍率はとても高く、試験問題も難しいといわれています。自分の出身校や希望する学校の専任の教員になるには、かなりの年数がかかるようです。

　今、商業科の専門科目を教えている先生たちは、こうし

た道を歩んで「なりたい自分」になったのです。

きめ細かく、ていねいな進路指導

　何人かの先生にお話を聞いたところ、商業科高校の先生には商業科高校を卒業した先生が多く、しかも教えている学校の卒業生が少なくありませんでした。職員室で机を並べている先生のなかにも、その高校の出身者が何人かいるというのです。

　商業科目のおもしろさを知っているからこそ、そして、それを後輩たちに伝えたいと思っているからこそ、母校で教鞭をとっているのだと思います。

　そのため、通常の授業だけでなく実践的な科目にしても、検定試験に向けた指導にしても、部活動や生活指導にしても、生徒たちと熱心に向き合ってくれる先生が多いと聞きました。

　商業科高校では高卒で就職する人も多いので、就職試験の面接の練習や容儀指導（身だしなみの指導）は何度もていねいにしています。卒業生が地元に就職することが多い商業科高校では、つぎの世代の求人の道を絶やさないように心がけているのです。

　また、商業科高校では普通科に比べて、普通科目の授業時間が少ないため、一般選抜での大学進学は難しいといわれていますが、近年は学科の中に受験を前提にしたコースを設置している高校もあります。進路の幅が広いという商業科高校の傾向をふまえて、先生たちは生徒と相談を重ね

て、きめ細かく進路指導をしています。

外国人の先生や外部から特別講師も

　受験のための英語学習だけでなく、ビジネスの世界でも英語は必須です。そのため外国人の先生がいて、オールイングリッシュの授業を行っている学校も多くあります。

　国際ビジネス学科など、グローバルな視点でビジネスを学ぶ学科を置く学校のなかには、英語のみならず中国語や韓国語の授業を行っているところもあります。このように商業科高校には外国人の先生も結構在籍しています。

　また、教員免許はなくても、生きたビジネスを教えてく

れる先生たちもいます。地元企業の経営者や金融関係の担当者、卒業生の公認会計士などを学校に招いて、特別授業をしてもらう機会があるのです。外部の先生たちは毎回生徒に、説得力のある実学の講義をしてくれます。

Society5.0への対応

　みなさんは「ソサエティー5.0（Society5.0）」という言葉を知っていますか。Society5.0は、通信技術が発達した現代の情報社会のつぎに訪れる社会をさす言葉です。

　Society5.0は、ロボットや人工知能（AI）などの先端技術を、さまざまな産業に用いることで新たな価値を見出し、社会的な課題を解決しながら、経済の発展をめざす社会だといわれています。その Society5.0をリードしていくのはきっと、今、小中学生であるみなさんの世代です。

　ビジネスの分野も日々進化しているので、商業科高校の先生は常に新しい情報をとらえ、生徒に伝えていかなくてはなりません。学校としても「Society5.0に対応した人材の育成」を考え始めています。

　この先の経済社会の急速な変化に柔軟に対応できるように、先生たちは会計やマーケティングなど、従来の商業分野に加えて、情報社会を支える ICT スキルについても、指導の奥行きを広げていこうとしています。

ビジネスを学んで ワクワクする社会をつくろう

大岳美帆撮影

愛知県立愛知商業高等学校
商業科

寺田陽一 さん

自分がすばらしいと感じた「商業」を教えていることや、赴任したかった高校の教員になれたことがうれしくて、私が誰よりもいちばん授業を楽しんでいます。

何を学ぶ学校か

　愛知商業高等学校（愛商）では2年生から、商業科のなかの会計ビジネス科、ITビジネス科、グローバルビジネス科の三つの学科に分かれて学びます。学科名や科目に「ビジネス」というワードがひんぱんに出てきますが、ビジネスとは何でしょうか。

　ビジネスとは、人生や社会を豊かにするための商業活動であり、商業科高校はそのビジネスを本気で学ぶ場所です。

主にマーケティング分野、マネジメント分野、会計分野、ビジネス情報分野の四つの分野の知識や技術を習得し、ビジネスパーソンとして生き抜く力、よりよい社会をつくる力を身につけるのです。

四つの分野の内容

　四つの分野について、簡単に説明しましょう。マーケティングとは「売れる仕組みをつくること」です。売れる仕組みが購買意欲につながるので、企業は売るためにあらゆる戦略を考えています。その戦略がとてもおもしろいのです。

　つぎにマネジメント分野ですが、マネジメントを日本語にすると「経営」や「管理」があてはまります。管理には人の管理もあれば、モノやリスクに対する管理もあります。管理を通じて、よりよい未来をつくり上げる。それを世界的な視点や法的な視点から学んでいきます。

　みなさんは企業の目的は何だと思いますか。それは「よりよい商品やサービスを提供することで利益をあげ、納税を行い、社会に貢献すること」です。この「利益」を計算するためのさまざまな技術やルールを学ぶのが、会計分野です。

　最後のビジネス情報分野ですが、現代社会ではスマートフォンは必需品です。近い将来、私たちはメタバースの空間で、アバターとしての生活時間が長くなるかもしれませ

ん。今後もさらに、情報通信技術の知識は、必要不可欠なものとなるでしょう。「情報」といっても多岐にわたる分野がありますが、この情報に関するあらゆる知識や技術の習得を目的にしているのが、ビジネス情報分野です。

大岳美帆撮影

盛り上がる授業

　私の専門は会計分野で、「財務会計」という授業を担当しています。財務会計というのは、企業の経営状況がわかる決算書などの情報を、株主や銀行など外部の関係者に報告することを目的にした会計のことです。

　みなさんのなかには「儲ける」という言葉に、嫌悪感をもつ人もいるかもしれません。私はその「儲ける」ということが何を意味するか、多くの利益を得た企業の役割とは何かを考える授業を行っています。

　それ以外にも、企業を分析して、どの企業の株式を購入するかを検討する、という授業も展開しています。

　たとえばA社とB社という実在する企業を、企業概況や経営状況をまとめた「有価証券報告書」という書類や企業のホームページを通じて、単に利益だけでなく、SDGsの取り組みや地域貢献、今後の成長性など、さまざまな角度から分析します。

　そして、生徒たちが最終的にＡ社、Ｂ社どちらかの株式を購入するという投資の意思決定をします。個々に異なる結論が出されますが、ビジネスにはこれが正しいという答えがないので、あらゆる視点から意見が出て、授業はとても盛り上がります。

一人ひとりが主役の学び

　愛商では生徒全員が一人１台タブレットを持ち、講義内容を記録したり、意見交換も行ったりしています。

　意見交換の授業は、話し合いをしている生徒たちが、出し合った意見をすぐに書きとめることができるように、部屋の左右の壁に大きなホワイトボードが設置されていて、それぞれにパソコンとタブレットを使えるIT環境の整った広いプレゼンルームで行っています。

　私が担当している会計分野を含む四つの分野のいずれにしても、愛商では「受け身」ではない学習をめざしています。生徒一人ひとりが主役となって、新しい課題を発見し、みんなで、そして地域の企業や大学などと協働して解決していく、そんな授業展開を大切にしているのです。

　公益財団法人全国商業高等学校協会（全商）の検定も、合格を目的とするのではなく、検定や資格試験で得た知識

を、いかに実際のビジネスで使えるものにしていくかということを考えて、実際の授業につなげています。

大岳美帆撮影

卒業後の進路について

　商業科高校の卒業後は、就職するというイメージをもっている人が多いように思います。確かに就職する生徒も少なくありません。特に愛商のある愛知県は、自動車メーカーをはじめ、すぐれたモノづくり産業が集積している地域のため、企業数も多く、全国でも高卒での就職は多いほうだと思います。愛商でも就職希望者の内定率は100％の実績をもっています。

　とはいえ、進学を希望する生徒が、年々増加しているのも事実です。2021年度は卒業生の45％が進学しました。大学進学の場合は、取得した検定や資格を活かした推薦選抜、なかでも指定校推薦が充実していますが、総合型選抜をめざす生徒への指導も重視しています。

　検定などの日常的な学びが、大学入試につながるというのは、商業科高校だからこそだと思います。また、公認会計士や税理士を養成する専門学校に進学する生徒もいて、会計のスペシャリストになるという夢を、商業科高校を通じて実現させています。

明るい未来のために

　今、日本社会は少子高齢化が進み、さまざまな問題に直面しています。ニュースなどでも将来を悲観した報道が多いように思います。

　でも、私は未来を明るいものと考えています。世の中の企業はどの企業も、暗い未来をつくるために企業活動をしているわけではありません。明るい未来をつくり上げるために企業活動をしています。空飛ぶ車や自動運転車、メタバースの世界など、「ドラえもん」に出てくるようなワクワクする世界が、ほんとうにやってきます。

　そんな世界をつくり上げるのが「ビジネス」です。そのビジネスを学ぶことができるのが商業科高校であり、その学びが世の中を変えるのです。これが商業系の学問のいちばんの魅力だと思っています。

　この本を読んでいる中学生のみなさんは、商業科高校に少なからず興味をもたれていると思います。高校時代から「ビジネス」にふれていると、社会を見る視点が変わります。そして、その視点から将来の自分像が見えてくると思います。

　長い人生を見つめた上で、自分は高校時代に何をいちばんがんばりたいかということを考え、自分の意志と前向きな選択で進路を決めてくださいね。

企業人として必要なことを先取りして学ぶ場所

栃木県立宇都宮商業高等学校
商業科

小林彩子さん

編集部撮影

宇都宮商業高等学校を卒業後、大学の商学部に進学。学生時代は「簿記」の授業に苦戦していた同級生に教えてあげたことも。講師時代を経て母校に着任、これまで多くの生徒を送り出している。

同時にスタートする新しい科目

　宇都宮商業高等学校（宇商）には、商業科と情報処理科の二つの学科があり、商業科には大学進学をめざす生徒が進むビジネス進学コースも用意されています。大学進学にウエートをおいているため、ビジネスを総合的に学ぶコースより、簿記と英語の授業数が多くなっています。

　普通科と異なり、商業科高校では必ず、「簿記」や「情報処理」などのビジネスに必要な専門科目を学びます。私

は商業科の教員として、「財務会計」や「電子商取引」、それから「総合実践」と「課題研究」といった科目を専門に教えていますが、どれも商業科高校ならではの授業です。

今ここにあげた科目は、すべて高校ではじめて学ぶ科目なので、全員が同じスタートラインに立って勉強し始めるわけです。みんなにとってはじめての科目を、みんなで同時にスタートするのですから、不安に思う必要はありません。

「企業の共通言語」を学ぶ

私はいつも１年生のはじめの授業で、生徒たちに、はじめて学ぶ「簿記」について、簿記が「企業の共通言語」であることを説明しています。

簿記とは、日々の企業の経営活動を帳簿に記入して、「財務諸表」という決算の書類を作成するための技術のことです。財務諸表の数字を見れば、その企業の経営状況などがわかります。企業の規模にかかわらず、簿記は共通して必要な内容を表すことから、「企業の共通言語」だといわれているのです。

簿記に限らず、パソコンを使う作業が必要となるため、パソコンの操作も習得します。簿記にしてもパソコンにしても、社会に出たら必要な技術です。商業科高校の強みは、こういったビジネスの基本的な知識や技能が身につけられ

るところだといえます。

全商検定への挑戦

　全国商業高等学校協会（全商）では、生徒たちがそれぞれの教科や科目の技術、専門知識を深めることを目的に、いろいろな検定試験を実施しています。

　生徒の学習状況に応じて、級が設定されているのですが、1級が取れる検定は9種目あります。そのうち3種目以上で1級に合格した生徒は、卒業するときに表彰されることになっていて、全国の商業科高校でその数を競い合っています。

　2021年度の宇商の合格者数は全国の商業科高校の中で、2年連続で1位。宇商の生徒たちが全国の順位に注目して、がんばるようになったのは、7時限目に課外授業を始めたことがきっかけのようです。

　7時限目授業を開始した2005年、3種目以上の1級合格者数が全国で3位に入りました。資格取得率がかくだんに上がったのです。すると生徒たちが「だったら1位をめざそう！」と号令をかけ合い、奮起して、翌年度は全国で1位になりました。みんなでがんばればできることがわかったので、「自分たちも！」という姿勢が伝統的に根づいたようです。5年連続で1位を獲得したこともありました。

　生徒たちはそれぞれに、「いつまでにこの級を取る」という目標を立てて勉強していきますが、目標の達成までが割と短い期間なので、モチベーションを保って勉強に打ち込むことができます。

　普通科の生徒のように「３年後の大学進学を見すえて」というのではなく、生徒たちは目の前の目標を達成しながら、自分の自信と実績をだんだんと積んでいき、３年生になったとき、就職あるいは進学にそれを活かせるというところが、商業科の強みなのではないかと思います。

　このように検定試験で合格者をたくさん出している高校なので、大学に進学する生徒のほとんどが推薦入学です。全商協会による「特別推薦型選抜」という推薦入試のほか、指定校推薦を受けられる大学も多数あります。

編集部撮影

全員が２級合格したことも

　教員も生徒も目標に向かって一生懸命なので、教員をしていても楽しいです。教員としては、生徒ができなかったことができるようになるなど、成長していく姿を見られるのが何よりうれしい。

　私が担任をしていたクラスが２年生のときに、日本商工会議所（日商）簿記２級に全員が合格しました。そのクラスは2020年４月の入学で、新型コロナウイルス感染症の

拡大によって入学式後いきなり2カ月の臨時休校。そのあとは6月から分散登校となりました。

　1年生の11月にはじめて日商簿記2級をみんなで受験したときは、厳しい結果でした。でも、あきらめずに努力を重ねました。その結果、2年生のうちに40人全員が合格することができたのです。2年生でクラス全員が合格することは、過去に例を見ない快挙でした。

　全員が同じ目標に向かって助け合ったり、協力し合ってやっている姿を見ていたので、達成して生徒が喜んでいる姿を見たときには、ほんとうにうれしかったです。

新たな学びとの出合いを大切に

　その同じクラスに、日商簿記1級を取得した生徒がいました。中学生のときには普通科目もそれほど好きではなくて、本校に入学して「簿記」と出合いました。そうしたら簿記が楽しくなって、簿記だけは誰にも負けないと学習に打ち込んで、究めていきました。

　本人にとって、その出合いは人生の中で大きな分岐点だったのではないかと思います。中学生のときは勉強が得意ではなかったのに、簿記を習得できたことは自信にもなったはずです。新しい科目に出合い、それが花開くという可能性もあることを実感しました。

将来を見すえて選択肢に

　2022年の公認会計士試験では、本校の卒業生2名が合格しています。大学2年生と専門学校の2年生で、2人とも卒業して2年しか経っていません。商業科高校で学んでいなければ、高校を卒業して2年で公認会計士の資格を取ることは難しいでしょう。

　確かに、普通科より普通科目の授業数が少ないので、商業科高校の卒業生である私は、教員採用試験のとき、専門科目の勉強以上に時間をかけて、普通科目を勉強しました。でも、商業科を卒業後、大学に行ったり、就職したりしても、普通科目の授業数が少なかったことによるデメリットはなかったように思います。

　普通科に行って、これになりたいという目標がないとか、たとえば建築家や医者、芸術家など、商業とはまったく違う目標があるというのでなければ、企業人として働いていく上で、必要なことを先取りして学べる商業科高校を、ぜひ選択肢に加えてください。

原価計算の授業

「行ける」大学から「行きたい」大学をめざそう

大岳美帆撮影

横浜市立横浜商業高等学校
商業科

佐藤邦宏さん

横浜商業高等学校を卒業後、大学の経済学部で学び教員に。母校に着任し、授業にも展望が描けるようになり、軟式野球部の顧問としても多忙な日々です。

商業科は5クラス

　横浜商業高等学校（Ｙ校）は神奈川県の公立高校のなかでは、古い歴史と伝統をほこる商業科高校です。現在、1組がスポーツマネジメント科、2〜6組の5クラスが商業科、7組が国際学科の、1学年7クラスで構成されています。国際学科を除いたクラスが商業科になります。

　ここでは主に、スポーツマネジメント科を除いた、2〜6組の商業科の説明をしたいと思います。

商業科では国語、英語、社会、数学、体育などの普通科目に対して、およそ3分の1はビジネス基礎、簿記、情報処理などの商業に関する科目を習得します。授業ではパソコンやタブレットを利用し、課題に取り組むなど、普通科とは異なった環境で、より実践的に商業の科目を学びます。

進路で多いのは4年制大学

商業科高校に、みなさんはどんなイメージをもっているでしょうか。商業を専門的に学ぶのだから、やはり卒業したら就職するもの、と思っていませんか。

イメージと違うかもしれませんが、卒業後の進路でいちばん多いのは4年制大学です。商業科2～6組の2022年度の卒業生のうち102人、半数以上の53％が4年制大学に進学しています。

その入試の方法は、学校推薦型選抜や総合型選抜が多いのですが、だからといって、一般選抜で受験できないわけではありません。

商業科のなかの1クラス、6組だけが Y-Ko Business Challenge の頭文字を取った「YBC」というクラスになっています。2010年に設置された大学進学を前提にしたクラスで、入学後、生徒たちの希望をとって、40名がYBCクラスの所属になります。

YBC クラスの授業は一般選抜にも対応できるように、英語、国語の時間数を増やし、地歴公民の科目を充実させている上、放課後講習や朝学習、模擬試験など特別なプログラムも実施しています。

商業科にしかない魅力

一般選抜なら、普通科のほうがいいのではないか、という考えもあるかと思います。確かに受験だけを考えたり、理系の大学をめざすのなら、普通科を選択したほうがよい

ユニフォーム姿で軟式野球部を指導。校舎には軟式野球部をたたえる垂れ幕も

かもしれません。

　でも、Ｙ校のように140年以上の歴史がある商業科高校にしかない魅力があります。たとえば、公立高校とは思えない充実した教育設備や活発な部活動、盛り上がる学校行事などです。

　学習面では、普通科で学ぶことができない実学を学びます。ビジネスを学ぶことで身につくスキルや思考は将来、社会人になったときに必ず役に立つと思っています。

　本校では、専門性の高い資格や検定が取得できるだけでなく、プレゼンテーション能力、会計知識、コンピュータスキル、マーケティングやマネジメントの視点、チャレンジ精神などが養えるのです。

「総合実践」と「ビジネス基礎」を担当

　実は、私はここＹ校の卒業生です。中学時代、公民がとても好きでした。Ｙ校に入学してみたら「簿記」がおもしろかったし、経済的な科目も興味をもって学びました。ニュースを読み解きやすくなり、大学でもそういった世の中の動きと直結するようなことを学びたいと思って、経済学部に進学しました。

　卒業後は教員になりたいと思っていたのですが、商業の教員の採用枠がなかなかなくて、母校での臨時教員や非常

勤の教員時代を過ごしました。母校にふたたび正規職員として戻ってこられたのが5年前です。

　私は本来「情報処理」が専門なのですが、今は「総合実践」という授業を担当しています。現代は柔軟な思考や行動力をもち、時代が求める課題の探究や解決が不可欠です。そのため商業科では「課題研究」や「総合実践」などの実践的探究型の授業を重視しているのです。「総合実践」のほかに、YBCクラスでは「ビジネス基礎」を教えています。

　2021年度は3年YBCクラスの担任をしましたが、主体的に行動できる生徒が多いなと感じました。一生懸命勉強した教え子が巣立っていく、そのための土台づくりができることがうれしいです。

チャレンジ精神をもって

　YBCクラスを含む進学コースは、つぎのような人に向いています。まず、商業科目も普通科目もがんばりたい人。希望の進路に向けて、学力向上をめざしたい人。それから、高校で学んだことを大学でより深めたい人。また、漠然とだとしても、大学で学びたい人。商業科のカリキュラム的に分野は理系ではなく、経済・経営・商学・法学・国際・社会・情報・教育などの文系でしょう。

　現代は予測困難な時代です。そんな時代には、チャレンジ精神をもった人材が求められます。自信をもってチャレンジするためには、その土台づくりが大切ですが、商業科高校ではその土台づくりができると思うのです。

　私はYBCクラスの高校・大学の７年間を見すえたカリキュラムと特別プログラムのもとで勉強し、「行ける」大学から「行きたい」大学をめざしてほしいと思っています。そして、将来、次代を切り開くビジネスリーダーになってほしい、高度な教養とビジネスの基礎を習得してほしいと考えています。

　商業科高校はさまざまなことにチャンレンジしながら、大学進学をめざしたい人に向いています。ぜひとも選択肢のひとつに入れてほしいと思います。

横浜市立大学で
講義に参加

3章

どんな行事が
あるの？

文化祭

一年の中で行われる たくさんの 行事

いくつかの「ならでは」の行事も！

何回もある就職ガイダンス

　学校行事の時期は2学期制か3学期制かによって、多少違いますが、一般に年度はじめの4〜5月にオリエンテーション、生徒総会などを行います。6〜7月には体育祭や球技大会を行いますが、「体育祭」とは呼ばずに「スポーツ大会」「スポーツフェア」として開催する学校もあり、その時期はまちまちです。

　文化祭はやはり「文化の秋」に集中します。9〜11月に開催する学校が多いです。文化祭は開催しないで、10〜12月に商業科高校ならではの伝統的な催しである販売会、その名も「○商デパート」を開催する学校もあります。

　そのほか、修学旅行や遠足も待ち遠しいイベントです。異文化にふれ国際感覚を養うために、修学旅行で海外に行く学校もあります。

　こうした楽しい行事のあいだに中間テストや期末テストもあるし、全員が受けるわけではありませんが、商業系の

検定試験が一年に20回近くあります。また課題研究発表会やインターンシップのほか、就職に関するガイダンスを数回にわたって行うのも、普通科にはない特徴です。

一大イベントの文化祭

商業科高校の文化祭は、生徒の家族だけでなく、地域の人たちも毎年楽しみにしているエンターテインメントです。卒業生は先生や仲間との再会を喜び、進路決定をしたい中学生にとっては、学校の雰囲気を知る機会になります。

文化祭はたいてい2日間開催され、中学校のころと比べると、クラスごとの出し物も幅が広がり、はるかに自由で、規模も大きくなります。出し物が話題を呼び、毎年来場者

年間行事の例

4月	**5**月	**6**月	**7**月	**8**月	**9**月
・始業式 ・入学式 ・検診	・生徒総会 ・中間テスト	・体育祭 ・期末テスト	・インターンシップ（2年） ・終業式	・一日体験学習 ・部活動合宿	・始業式 ・就職試験開始

10月	**11**月	**12**月	**1**月	**2**月	**3**月
・中間テスト ・文化祭	・期末テスト ・修学旅行	・課題研究発表会 ・終業式	・始業式 ・3年学年末テスト	・特色選抜 ・1、2年学年末テスト	・卒業式 ・一般選抜 ・修了式

が1万人を数える高校もあるほどです。

　どんな出し物が人に喜ばれるか、人を楽しませるにはどうしたらよいか、どのような工夫をすれば商品が売れるようになるか。それぞれのクラスやチームが、仕入れを含む準備から、販売、会計まで、すべてを自分たちで行います。マーケティングの授業で学んだ知識を活かして、戦略を立ててのぞむのです。体験型のゲームやアミューズメントはすべて手づくり。ある学校では室内につくり上げたジェットコースターやお化け屋敷が大人気でした。

　準備から打ち上げまでみんなで協力し合い、企画力や運営力、協調性など、グループワークや集団行動に必要なあらゆる力を発揮して全力で取り組んだ高校の文化祭は、一生の思い出になるものでしょう。

人気の伝統行事「〇商デパート」

　「〇商デパート」の「〇商」には、高校の愛称や略称が入ります。たとえば「日本商業高校」という学校が実施したなら「日商デパート」ということになります。簡単にいうとスクールマーケットなのですが、「〇商デパート」という名称を使うのは、この行事に歴史と伝統があるからです。

　ある高校のデパートは「商いを学ぶ場」として、大正時代に始まったのだそうです。生徒が社長や社員になって切り盛りし、店のレイアウトや看板、販売用のPOP作成も行ってきました。今は、流行のアウトドア商品を取り扱ったり、全国各地の名産品の販売コーナーを設けた学校もあ

れば、韓国物産展や屋台村を展開した学校もあり、また小中学生向けのイベント・コーナーを設置した学校もあります。

　企画から仕入れ、販売、決算までを生徒が主体となって取り組む、商業科高校ならではの実践教育の場です。「○商デパート」は仕入れ先の企業や地域との連携を通して経済活動を理解し、マーケティングやマネジメントのおもしろさを知る絶好の機会です。

実社会を経験する

機会が多い

進路や職業選択につながる貴重な体験

探究は教室の中だけでは終わらない

　商業科高校には実学を経験する授業やイベントが数多くあります。18ページでお話しした「課題研究」の授業では、生徒たちはときに学校を飛び出して企業を訪問したり、大学の教授や学生と意見を交わすなど、フィールドワークをしながら探究活動をしていきます。そしてその成果を年に1回必ず「課題研究発表会」として発表するのです。

　どんなテーマに取り組むかというと、ある学校では、企業のAI人材教育プログラムを受けてみる「データサイエンス探究」やVBA（プログラミング言語のひとつ）を活用した「アプリケーション開発探究」、秘書検定準1級と1級の内容を調査・研究して、自分で解いてみる「ビジネスマナー探究」などがあり、別の学校では、地元の国立大学と連携して「ゲーム理論から実践的・戦略的思考を身につける」というものや、起業をめざして偉大な起業家に学ぶ「起業家研究」にも取り組んでいました。

　また、高校生の美容事情や化粧品市場への新型コロナウイルスの影響を知りたいと思い、「化粧品巾場の動向と商品開発」というテーマで、化粧品の歴史を調べて、高校生へのアンケート調査や市場動向調査を実施した上で、商品開発にも挑戦したグループがいた学校もありました。

企画から流通まで地域企業と共同開発

　「商品開発」も実践的な力を養うビジネス教育の一環です。全国の商業科高校が、地域の特性を盛り込んで独自に開発したオリジナル商品のなかには、その地域だけでなく、全国的に販売されるようになった商品もあります。

　そんな商品を世に送り出すきっかけとなっているイベントのひとつが、毎年行われている「商業高校フードグランプリ」です。エントリーする商品は、商業科高校の生徒が企画・開発にかかわり、地元の食材を活用してメーカーが製造した流通可能な商品です。

　商品の味、食べ方の創意工夫や独創性、ネーミングやパッケージデザインのほか、商品の流通性や地域社会への貢献度なども審査の対象となります。決勝では、試飲や試食の提供、接客のほか、商品を PR するプレゼンテーションでも競い合うといいます。主催企業は商業科高校への支援として、物流センターの見学や流通・マーケティング関連の講義なども提供しているそうです。

　「全国商業高等学校長協会」のホームページには、高校生たちが開発した商品の一覧が掲載されているので、興味の

ある人はのぞいてみてください。

数日間の就労体験

　普通科より就職する生徒が多い商業科高校では、地元に貢献する職業人を育てることを理念におき、インターンシップにも力を入れています。インターンシップとは実際に企業や事業所で働く経験のことで、中学校で行う「職場体験」を思い浮かべると、理解しやすいかもしれません。

　多くの商業科高校では2年生の希望者を対象に、夏休みを利用してインターンシップを実施しています。期間は2〜5日くらいが一般的です。学校が提携している地域の企業や事業所のなかから、希望の職業を選んで仕事を体験させてもらいます。

　職種は製造業からIT企業、銀行や信用金庫、販売店や会計事務所などさまざまです。学校によっては地域の商工会議所やハローワーク（公共職業安定所）などと提携し、120社以上の実習先を確保しているところもあるそうです。

社会のルールを学ぶ機会

　インターンシップを経験することは、その仕事内容を深く知るだけでなく、現場で働く人たちの姿勢や考え方にふれ、働くことの意義や自分の将来について考えるきっかけとなります。学校でもインターンシップを、進路決定のための貴重な活動と位置づけています。

　またアルバイトも実社会を知る機会となりますが、高校生のアルバイトは「原則禁止している」という学校もあります。ただし、夏休みのような長期の休校期間中はOKだったり、届け出制できちんと学校に申請すれば、2年生からアルバイトを許可している学校もあるので、それぞれの学校の規則を確認してください。

さまざまな 検定 に
チャレンジできる！

検定試験は商業科高校生の年間行事

科目の理解度を確認するために

　商業科高校の年間行事予定表を見ると、学校が始まった4月と夏休み・冬休みを除いて、ほぼ毎月何らかの検定試験が実施されることがわかります。

　これらの検定試験は、それぞれの商業科目について、生徒が知識や技術をしっかり習得しているかを確認するために実施するもので、各検定によって級が設定されていて、合格点が決められています。

　検定試験を主催する主な団体は、公益財団法人全国商業高等学校協会（全商）、日本商工会議所（日商）、公益社団法人全国経理教育協会（全経）などです。

　なかでも全商協会が実施する検定試験（全商検定）は、商業科高校の生徒にとってもっともポピュラーです。全商検定は一般に1年生で3〜2級、2、3年生で2〜1級に合格できるようになっています。生徒たちは全商検定の試験勉強を通して、専門知識と技術を確実に身につけていき

商業科高校生向けの検定試験

　全商協会が主催している検定にはつぎの種目があり、多くが年に2回実施されます。

●商業経済検定試験
●簿記実務検定試験
●情報処理検定試験（プログラミング部門）
●情報処理検定試験（ビジネス情報部門）
●英語検定試験
●ビジネス計算実務検定試験（普通計算）
●ビジネス計算実務検定試験（ビジネス計算）
●ビジネス文書実務検定試験（ビジネス文書・速度）
●財務諸表分析・財務会計・管理会計

　全商協会では、在学中に全商協会主催の3種目以上で1級を取った生徒を、卒業するときに表彰しています。学校同士でも競い合うので勉強にも熱が入ります。検定試験のなかの9種目で1級を制覇した生徒も少なからずいて、そのがんばりには脱帽です。

日商簿記検定は難易度が高い

　全商検定のほかに、商業科の高校生が挑む検定では、日

本商工会議所と各地商工会議所が主催する「日商簿記検定」が有名です。

　日商簿記2級は高校で熱心に簿記の勉強をしていれば合格可能ですが、簿記1級は商業を学ぶ大学生でも、なかなか取得できない難易度が高い資格で、公認会計士や税理士をめざす人には必須の資格です。商業科高校の生徒のなかには、日商簿記1級さえ取得する人がいます。

　さらに経済産業省が認定する国家試験の「ITパスポート試験」や「情報セキュリティマネジメント試験」、公益財団法人実務技能検定協会が主催する「秘書検定」などに挑戦して、合格している高校生もいます。

資格を取ると就職にも進学にも有利

　資格取得に向けて一人でコツコツと、あるいはクラスメートといっしょに、早朝や放課後も勉強にはげんだ時間は、かけがえのないものです。試験勉強とほかの科目の勉強との両立は大変かもしれません。

　けれど、努力の証として手に入れた資格は、就職にも有利です。どれも履歴書の「免許・資格」の欄に記入できるものですし、資格を取得するために得た知識は、社会で働く上で役に立つものばかりです。たとえ取得した資格が直接自分の業務に関係がなくても、検定試験に向けて努力した姿勢と学力は十分評価してもらえます。

　もちろん、大学や専門学校へ進学する人にとっても、いくつかの資格を取得したことは、推薦入試のアピールポイ

ントになります。大学や専門学校のなかには、特定の資格の合格証を提示することで、関連科目の単位がもらえたり、独自の奨学金・給付金制度の対象として、入学金や授業料を減免するという学校も増えています。

小学生のときから
あこがれていた高校へ

大岳美帆撮影

愛知県立愛知商業高等学校
経理科（現在は名称変更）　3年生

大滝紗叶さん

そろばんが好きで選んだ商業科高校。公認会計士をめざしていましたが、あるできごとをきっかけに新しい夢ができました。そのために文学部教育学科に進学します。

そろばんが運んできた夢

　4歳のころ、両親の勧めでそろばんを習い始めました。私がよく何かを並べて数えているのを見て、両親は私が数字に興味があるのではないかと思ったらしく、そろばん教室に連れて行ってくれたのです。両親の思った通りで、私はそろばんをとてもおもしろいと思いました。それからずっとそろばんを続けました。音楽教室をはじめ、いろいろな習い事をしたのですが、どれもあきてしまったのに、そ

ろばん教室にだけはほぼ毎日、長いときでは1日に10時間も通っていました。小学校3年生のとき、競技そろばんの選手として大会に出場しました。この大会は小学校の部、中学校の部、高校の部、大人の部があって、小学校の部に出た私は、高校の部で愛知商業高等学校（愛商）の先輩たちが活躍しているのを目の当たりにしました。愛商は団体の部で優勝。大きなトロフィーをかかえている姿にあこがれて、私も同じ道に進んで全国大会に出たいなと思いました。そのときからずっと愛商に入りたいと思っていました。

はじめての簿記

中学校の進路指導では、先生に「今は高い専門性を問われる時代になってきているので、普通科の勉強をしたい人はそれでいいけれど、得意なものがあったら、それを伸ばしていける学校に行くのも、いいのではないか」と言われ、そろばんが得意だった私は愛商に推薦してもらうことができました。

経理科を選んだのは、生徒の学習意欲が高く、商業に関する資格がもっとも多く取れる科だと聞いたからです。仲間たちといっしょに幅広い資格を取りたいなと思って、経理科を選びました。

高校ではそろばんを使う授業はなく、珠算部に入部。そ

してはじめて学んだ「簿記」に興味をもちました。小学校や中学校にはない授業だったので、とても新鮮に感じました。経理科でももちろん普通科の授業はありますが、商業系の授業が占める割合が多く、私には向いていたと思います。

部活にはげんだ高校生活

　珠算部は３年生の10月半ばに、計算の大会をひとつ残して引退しました。珠算の大会は普通計算の「掛け割見取り」（掛け算、割り算、見取り算）と算数の文章題のような「応用計算問題」で競います。

　普通計算は得意なのですが、応用計算問題は高校に入るまで知らなかったので、苦戦しました。でも応用計算は、練習すればするほど速く解けるようになるので、わからない問題があると、通学途中や休み時間、家ではお風呂の中でも、その問題の解き方を考えていました。

　大会前、部活は休みなしです。冬休みでも朝８時半から夜７時くらいまで、みんなで問題を解き続けました。珠算部の部室にはストーブがなかったので、寒さで指がかじかんで、うまく動かなかったことを覚えています。

　こうして練習したおかげで、2022年の珠算部全国大会の個人の部では愛知県で１位、全国では７位に入賞し、団

体では全国で準優勝することができました。小学生のとき
から珠算大会にかりてきたので、大会で成果を上げること
ができて、ほんとうにうれしかったです。

大岳美帆
撮影

"食"のコンテストで優勝

高校生活ではもうひとつうれしいことがありました。そ
れは全国の商業科高校生がプロデュースする"食"の商品
コンテスト「商業高校フードグランプリ」で優勝したこと
です。

このコンテストでは、商業科高校生が地域の食品メーカ
ーと協力して開発した商品の味や企画力だけでなく、
SDGsや流通への配慮なども審査対象になります。商品開
発は3年生の「課題研究」という授業の中で行っていまし
た。「課題研究」は私がいちばん好きな授業でした。開発
から流通・販売までの流れの中で、その商品をよりよくす
るために仲間と考える時間が、とても楽しかったのです。

2年前の先輩方が地元名古屋名物のきしめんを使って、
カレー味の「きしめんチップス」というスナック菓子を開
発し、去年の先輩方がそのアレンジレシピを考え、いよい
よ私たちが食品ロスや二酸化炭素の軽減などの取り組みも
含めて発表し、優勝することができました。

新しい夢を見つけた

　3年生の12月、愛知淑徳大学文学部教育学科の合格が決まりました。推薦入試だったのですが、全員が合格するわけではないと聞かされていたので、しっかりと入試の準備をしました。合格できてほっとしています。

　私はそろばんが得意で数字に強かったので、それを活かして公認会計士になろうと思っていました。愛商ならそれが叶うだろうと思って選んだのですが、「商業高校フードグランプリ」で優勝して、メディアの取材を受けているうちに、人に何かを伝える楽しさを実感するようになりました。

「伝えるって、おもしろい！」、それから、教師になりたいと思うようになったのです。それも小学校の先生に。愛商の先生方はとても熱心に指導してくださり、「課題研究」などの授業だけでなく、いろいろな機会を与えてくれました。この本の取材もそうです。

　こうしたいろいろなチャンスを小学校のころにいただいていたら、きっと自己肯定感が高まったり、自分に自信をもてるようになるのではないかと思いました。大事なことを伝えたいし、伝えられる人になりたいと思って、教師になる道を選びました。

特色のある行事も魅力

　愛商では、生活に密着した生きた知識を学べたことがよかったと思っています。学校行事としては文化祭や修学旅行も楽しかったのですが、「オフィスカジュアルデー」は印象的なイベントでした。商業科高校生のなかには卒業してすぐ就職する人も少なくありません。「急に社会人になって、毎日洋服を選ぶのが大変だ」という卒業生の声を聞いて、毎週金曜日を私服で登校する日にしたそうです。

　オフィスカジュアルが導入されるにあたっては、専門学校の方が来てくださって、着こなしの指導をしてくれたり、ファッションショーなどもあって、楽しい体験でした。みんなが高校生らしさも保ちつつ、オフィスや公の場でも通用するカジュアルな服装を、自分で選んで着ていくようになりました。毎週、何を着ていこうかなと考えるのが楽しみで、またみんながどういう服を着てくるのかということも楽しみでした。このおかげで TPO（時：Time と場所：Place と場合：Occasion）をわきまえた装いを考えられるようになったと思います。

　あこがれていた高校で専門的な科目を学び、社会に出てすぐに役立つ知識も身につけることができた充実した 3 年間でした。

検定取得に熱心な校風に背中を押されて

栃木県立宇都宮商業高等学校
商業科　3年生

山﨑朱莉さん

編集部撮影

大学に入ってから将来の進路を決めようと思っていましたが、高校での学びが公認会計士への道を開いてくれました。検定取得の勉強をしてよかったです。

地元では有名な商業科高校

　中学校のときは、将来何になりたいという目標もなかったので、大学に行ってから見つけたいと思っていました。宇都宮商業高等学校（宇商）に進学したのは、宇商を卒業した4歳上の兄から「宇商は進学にも就職にも強いよ。大学に進学したいなら、普通校に行くよりも宇商に行ったほうがいい」と勧められたからです。

　通っていた中学校が宇商に近いということもあって、

「宇商では資格検定をたくさん取れる」とか「公認会計士や税理士などのスペシャリストをめざせる」といった学校の特徴は、よく知られていました。そのため、私の中学校では市内のほかの中学校より、宇商に進学する生徒の割合は多いと思います。

がんばった簿記競技大会

　入学したてのころは、これまで習ったこともない「簿記」の授業に緊張していました。「簿記」は商業科に行かなければ、学ばないですむものです。ところが、やってみると自分に合っていて、だんだんと楽しいと思えるようになりました。

　「簿記」の魅力はなんといっても、勉強すればするだけ、身についたことが実感できる点です。勉強しながら将来自分の役に立つんだなと思うと、やる気がでてきました。そうして勉強しているうちに、日商簿記検定2級を取得でき、全国高等学校簿記競技大会では、2021年度の団体の部で宇商は8位に、個人の部で私は28位に入賞しました。翌2022年度には団体で6位、個人で16位に入ることができました。

　部活でも簿記部に所属し、部長も務めました。簿記部の活動は、簿記競技大会に向けての練習と、各自の検定に向

簿記部のメンバーと全国大会に出場！

けての学習です。個人で勉強をする部活なので、ほかの部活に比べると、部長として部員をまとめるということは少なかったと思いますが、私自身は、部活に取り組む姿勢などで部員のお手本となれるように意識していました。

興味深かった課題研究発表会

　高校生活で印象的なイベントは課題研究発表会です。3年生になると「課題研究」という授業がありました。課題研究発表会はその授業の中で1年間研究した内容を、それぞれのクラスの代表グループが全校生徒に向けて発表する

ものです。

　私が1年生のときは、新型コロナウイルス感染症のために発表会は中止に。本来なら1年生から3年生まで全員が集まって、企業の方など外部の方も招待して開催するのだそうです。新型コロナになってからは校内だけで、しかも全クラス、全員が教室にいる状態で、動画で見る形になっていました。

　それでも2年生のときに見た課題研発表会は、とても興味深いものでした。一クラス8グループくらいに分かれて課題研究に取り組むのですが、グループごとに調べている内容もさまざまで、基板を調達してパソコンを一から自分たちで作った報告などもあって、ひきつけられました。

パソコンで発表資料づくり

　私自身は5人のメンバーと「資格取得について」の研究をしていました。発表会ではデリバティブ取引やFX取引といった金融商品取引について説明しました。

　大変だったのは、発表会で使うパワーポイントの作成です。時間内にきちんと説明できるようにするため、多過ぎず少な過ぎず、調整することが難しかったです。また、見ている人たちにわかりやすく伝えるために、文字の大きさや色を決めることや、写真やイラストを使うタイミングを

考えることにも、結構苦労しました。

　でも、発表会に向けて5人で話し合ったり、協力しながら工夫したりする時間はとても楽しかったです。課題を研究してパワーポイントを作成し、人前で発表するという経験を高校生のうちにできたことは、とても有意義だったと思います。自分たちだけでなく、ほかのグループの発表も見ることができ、発表の仕方なども勉強になりました。

全商検定7種目で1級合格

　宇商は全商検定3種目以上の1級合格者数で、毎年全国の商業高校の中で1位、2位を争っています。1級合格扱いのある検定は何種目もあるのですが、私はそのなかの珠算・電卓実務検定（電卓のみ）、簿記実務検定、ビジネス文書実務検定、情報処理検定（プログラミング部門）、情報処理検定（ビジネス情報部門）、商業経済検定、会計実務検定の7種目を取得しました。

　なぜ、これだけの種目に挑戦したかというと、やはり自分のためになると思ったからです。高校に入学した時点で、大学に進学することは決めていましたが、どの大学に行くかは決まっていなかったので、どの大学を志望しても推薦が取れるように、できるだけ多くの検定取得をめざして挑戦しました。

公認会計士をめざして

　私は、朝のSHR（ショートホームルーム）の1時間前に学校に行って勉強していましたが、夜遅くまで残って勉強している生徒もいました。ほかには、できるだけ多くの過去問題や模擬問題を解いて、どんな問題が出題されても対応できるようにしたり、同じ問題を何度も解いてやり方を覚えることもありました。クラス全員で検定を受けることも多かったので、友だち同士で教え合うことで理解を深めました。

　先生方は検定合格に向けて課外授業をしてくれ、進学や就職の面接、小論文の指導も熱心にしてくれました。その結果、指定校推薦で中央大学経済学部に進学が決まりました。大学では公認会計士をめざして、公認会計士試験の現役合格率が高い経理研究所で勉強するつもりです。中央大学の経理研究所では授業とは別に、公認会計士の先輩から直接、学ぶことができるのです。

　商業科高校のいいところは、就職にしても進学にしても、自分のがんばりしだいで、どこにでも行けることです。がんばれば、自分が思っているよりも高いレベルにも行くことができるので、夢が広がりますよ。

実践力が身について
将来の夢が決まった

横浜市立横浜商業高等学校

商業科　YBC クラス　3 年生

猪瀬大輝さん

商業科ならではの「課題研究」や「総合実践」の授業が大好きでした。社会で役立つプレゼンテーション力やコミュニケーション力がきたえられました。

進学にも就職にも有利

　中学校では進路指導という形ではなく、担任の先生との面談で、内申点と入試で予想される得点などを照らし合わせながら、どこに行きたいかをしぼっていくという感じでした。僕が商業科の高校に決めたのは、塾での進路指導が大きかったと思います。

　社会科目がすごく好きだった僕は、塾の先生の話から「商業」という教科が社会科の科目を実現化して学ぶよう

なものだと知り、興味をもったのです。

　さらに母が、商業科高校なら「簿記」をはじめ、さまざまな資格が取得できるので、そういった資格をもっていれば、将来、就職難の時代がきたとしても、就職に有利なのではないかと言って勧めてくれたのです。

　高校のときから専門的な勉強をしていたほうが、進学にも就職にも強いという印象があったので調べてみると、横浜市立横浜商業高等学校（Y校）は、指定校推薦にしても、いわゆる難関校と呼ばれる大学に数多く進学していました。大学で勉強したいと思っていたので、Y校への進学を決めました。

大学進学をめざすクラス

　商業科は5クラスあって、そのなかのひとつがYBCクラスになっています。YBCは「Y-Ko Business Challenge（Y校・ビジネス・チャレンジ）」の頭文字を取ったもので、大学進学に力を入れたクラスです。

　入学したときから、漠然と横浜市立大学に進学したいなと考えていたのですが、入学説明会が終わったときに、YBCクラスに行くか普通の商業科クラスに行くか、迷っていました。「チャレンジ」という名前がついているだけあって、授業のレベルが高そうで、自分が授業についてい

けるかどうか、不安だったのです。

　すると、YBCの学科主任の先生が「やらないで後悔するよりも、YBCを選んでがんばった結果で、後悔したほうがいいよ」と言ってくれました。そのひと言でYBCクラスに入ることを決めました。

グループワークが多いのも魅力

　授業では「課題研究」が好きでした。「課題研究」はグループワークを中心に行うもので、与えられたビジネス課題に挑戦して、商業科高校生ならではのアイデアをプレゼンテーション形式で発表するという授業です。Y校では2年生で受ける授業が「課題研究」で、3年生では「総合実践」という授業になるのですが、二つの授業はとても似ていて、どちらもビジネス課題に対して、グループで話し合って出したアイデアを提案するという形式です。

　中学生のときから、人前で何か発表したりするのがすごく好きでした。どちらかというと僕は、黙々と勉強をするというのが苦手だったので、高校に入って、こういったグループディスカッションの授業があるということを知ったときは、とてもうれしかったです。

ビジネス課題への挑戦は楽しい

　2年生のときに挑戦したのは、連携している関東学院大学の「志願者数を増加させる仕組みを考える」というプログラムでした。関東学院大学の学長も来校されたし、僕が夏休みに関東学院大学に行き、学長と2時間にわたってディスカッションしたこともあります。

　グループワークの人数は先生によって異なり、「自分の組みたい人と組んでいいよ」という先生と、生徒の性格や志向などを考えて、先生が割りふることもありました。グループでの作業なのでリーダーシップも必要になってくるし、協調性も必要になります。実際に頭と体を使って、ひとつのビジネス課題に答えを出すという授業は、僕にとってはとても楽しいものでした。

関東学院大学学長と意見を交わし合う猪瀬さん

授業も部活も充実

　YBC クラスは英語の授業も質が高いと思いました。授業中は英語で話をするし、「ESC-Biz（English Shower Camp for Business）」という英語の集中研修は、英語で考えて、英語で伝えるという英語漬けの研修です。

　留学をめざして、熱心に英語を勉強していた友だちは、外国人の先生に「なんてきれいな発音なんだ」とほめられていました。英語ができる彼と、毎日図書館で英語の勉強をしていたので、僕も結構、英語は話せるようになりました。

　大学の体験入学に行ったとき、オールイングリッシュの授業を受けたのですが、そこでかなりスムーズにコミュニケーションをとれることがわかり、自信がもてました。YBC クラスで学んだおかげで、コミュニケーションツールとして使える英語が身についたのだと思います。

　授業以外に印象に残っているのは、秋に行われる「Y校祭」です。軽音楽部に所属していたので、Y校祭のステージで演奏することをはげみに、バンドメンバーと練習を重ねていました。1年の練習成果が発揮されるY校祭のステージ。そこで仲間と演奏を楽しめたときの思い出は忘れられません。

将来は国際問題に取り組みたい

　商業に関する専門的な授業のほかに、普通科目も一生懸命勉強した甲斐あって、指定校推薦で横浜市立大学に進学が決まりました。

　大学進学をめざして勉強しているうちに、「課題研究」の授業でつちかった課題解決力、チームワーク力を活かして、国際的な問題を解決したいと思うようになりました。これまで身につけた実践力を発揮すれば、きっと貢献できるのではないかと思って、国際教養学部を選びました。

　将来は JICA（国際協力機構）に就職したいと思っています。大学に入学したら、まずは青年海外協力隊として、実際に東南アジアやアフリカなどの発展途上国に行き、現地の人とコミュニケーションをとって、肌で文化を体験したいと思っています。

　高校の3年間をふり返ってみると、「課題研究」や「総合実践」などのディスカッションの授業は楽しかったし、「簿記」や「情報処理」の知識や英語でのコミュニケーション力を身につけることができたので、商業科高校で学んでほんとうによかったと思っています。

興味があった**ソーシャルビジネス**を
きちんと**学べた**

編集部撮影

東京都立千早高等学校
ビジネスコミュニケーション科　3年生

日名子凛花さん

英語とビジネスの教育に力を入れている
進学型専門学校で、一般の商業科高校と
は少し違いますが、ビジネスの基礎は学
べ、自分の目的も果たせました。

英語の授業数が多い高校

　中学3年生のときは国際系の大学に行きたいと思ってい
たので、英語の授業数が都立の高等学校のなかでもっとも
多いといわれていた千早高等学校（千早）をチェックして
いました。

　最終的に千早を選んだのは、やはり英語をたくさん学び
たかったということと、社会課題に対する課外授業が、ほ
かの高校より盛んだということを知ったからです。千早の

パンフレットに「CBP（千早ビジネスプロジェクト）」という課外活動の紹介があって、社会課題に興味があった私は「さまざまなビジネス活動や社会のために役立つ活動を実施する」という「CBP」に、すごくひかれました。

　中学校の先生からは、ほかの進路を勧められたのですが、千早は教育内容が独特で、ほかの学校ではできないような経験ができそうだったことと、やはり自分で選んだ、自分の行きたい学校に行くことが大切だと思ったので、千早に推薦で入学しました。

苦手だった人前での発表が

　千早ではほんとうに英語の授業がたくさんありました。「英語コミュニケーション」と「論理・表現」はどの高校も学ぶと思うのですが、千早には「ERP」という独自の学校設定科目がありました。

　イングリッシュルームという英語の本の図書室があって、そこにある自分のレベルに合った本や読みたい本を、1時間の授業の中で読めるだけ読むという「多読」と、その内容を英語で話し合ったり、興味のある社会課題を調べて、英語でみんなに紹介する「発表」が「ERP」という授業の内容です。

3年生のときにはパワーポイントを習得して発表しました。千早の授業ではプレゼンテーションやスピーチの機会が多く、人前に出て発表するのが苦手な私には、ちょっとゆううつでした。こちらも私はあまり得意ではありませんでしたが、「情報処理」の授業では、エクセルやワードの早打ちも習得しました。

文化祭と修学旅行

　楽しみにしていた文化祭は、新型コロナウイルス感染症の影響で1、2年生のときは中止。外部の人は呼べず、校内参加者だけでしたが、3年生のときにやっと実施することができました。

　私のクラスはお化け屋敷をつくって「肝試し」をやりました。ほかに、人気のバラエティー番組のゲームをまねしてつくったクラスもあったし、駄菓子屋さんをやったクラスもありました。私の学年は高校生活で一度しかできなかったぶん、全員がパワー全開で、2日間たっぷり楽しみました。

　修学旅行も新型コロナの影響で、予定されていた1年生のイングリッシュキャンプも、2年生のベトナム旅行も行けませんでした。3年生のときは先生方ががんばって用意してくれて、1年生で行くはずだった福島県羽鳥湖高原に

あるブリティッシュヒルズに行くことができました。ここは、滞在中は英語だけで過ごす体験型の修学旅行ができる場所です。たった一度でしたが、みんなと旅行ができて、とてもうれしかったです。

新しく「競技かるた部」をつくった

　部活は3年間、小倉百人一首を使って競技をする競技かるた部でした。本当はバドミントン部に入ろうと思っていたのですが、同じ中学からいっしょに入学した仲のいい友だちが、「競技かるたをやりたい」と言いだしたのです。「千早だから、競技かるたを題材にした少女マンガ『ちはやふる』にかかっていいじゃない」ということで、新しく部をつくることになりました。

　部員が5人集まらないと正式な部として認めてもらえないので、同じ学年の合同ライングループをつくって、部員を募集しました。結局3人しか集まらなかったのですが、私たち2人を足してぎりぎり5人。申請して正式な部になると、偶然、学校の事務の方で競技かるたの段をもっている方がいて、自分から「顧問をやりたい」と言ってくれたのです。ピーク時には部員が8人いて、かるたの絵が描いてある部活Tシャツも作ったし、普通に百人一首をやったり、大会に出たりと思いのほか楽しかったです。

3年になって進路変更

　同学年の進路は、ビジネス系と国際系が半々といった感じでした。もちろん、それ以外に心理学科に進んだ人もいれば、美術学部に進学した人もいました。

　1年生のとき私は、指定校推薦で進学することを考えながら勉強していました。でも2年生になって、ふと「高校も推薦で入り、このまま努力しなくていいの？」と思ったので、大学は一般受験で挑戦することにしたのです。それからは参考書やオンライン学習サービス「スタディサプリ」などを活用して家で勉強し、3年生になって塾に通い始めました。

　進路もはっきり決まりました。「課題研究」の授業でソーシャルビジネスを選択したのですが、あらためて社会課題を解決することがどれほど大事かわかり、やはり私がやりたいのは「これだ！」と思ったのです。

　塾に行くとまわりはみんな受験勉強モードです。私もやる気になっていたのですが、3年生のはじめの二者面談で、私が英検準1級に合格していたことから、先生に推薦を勧められました。そこで一般受験をめざしながらも、公募推薦で上智大学総合グローバル学部をめざすことにしたのです。ところが、これが結構大変でした。

貴重な経験ばかり

公募推薦では事前課題として、自分の興味のある社会課題について、2000字程度のレポートを書くことになっていました。一般の受験勉強とは準備の仕方や頭の使い方が違うので、勉強時間の配分がとても難しかったです。

試験の小論文と面接も緊張のあまりミスをした気がして、「落ちた！」と思いました。口で言うにしても、文章に書くにしても、自分の考えをきちんと伝えなくてはならないので、公募推薦の試験対応は、受験勉強より大変だった気がします。受かったときは信じられなくて、「えっ？　間違いじゃないの？」と思いました。

校風かもしれませんが、千早には自分に自信をもっている人が多くて、はっきりと意見を言える人も多かったように思います。私は中学生のときから、あまり自分に自信がもてなくて、まわりの意見に合わせてしまうこともありました。

でも、千早の仲間たちに刺激をもらって、自分の意見をかなりもてるようになりました。人の意見にも耳をかたむけつつ、自分の意見をもち、やりたいことを信じて歩んでいくことが大切だなと思いました。

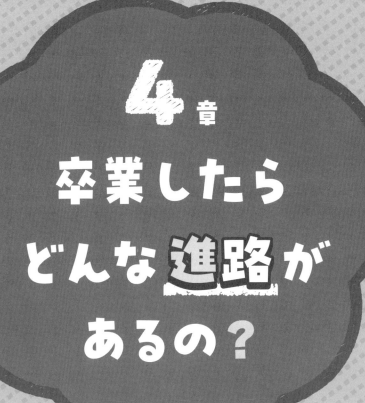

4章

卒業したら
どんな**進路**が
あるの？

自分や将来について

考えてみよう

どうなりたいか自分に問いかけてみよう

商業科高校で学ぶことを知った上で

　就職するにしても、進学するにしても、いずれは社会に出て働くことになります。商業科高校では、数日間仕事を体験するインターンを実施（じっし）したり、仕事のやりがいについての講演会や、労働のルールや働く人の権利について学ぶセミナーを開催（かいさい）したりするなど、将来や進路を考える行事がいくつもあります。それについては、ここまで読んできて、十分わかったことと思います。

　将来や進路について、みなさんはどう考えていますか。何になりたいかがはっきりしている人もいれば、どういう道に進みたいかを迷っている人もいることでしょう。

　いろいろ迷っているからこそ、この本を手に取ってくれたのだと思いますが、これをきっかけに、将来どんな自分になりたいか、考えてみませんか。

社会に出てからの人生のほうが長い

　高校を卒業して、すぐに就職したときの年齢は20歳前、大学を卒業しても20代前半です。「人生100年」といわれている今、みなさんの人生は社会に出てからのほうが、よほど長いのです。

　総務省の情報通信政策部会がまとめた「未来をつかむTECH戦略」の中に、2030年代に向けた変革の構想と実現したい社会像が書いてありました。

　それを読むと、なりたい自分、なりたい社会を実現するには、その「未来の姿」から逆算して、戦略を立てることが大事だとわかります。なぜそれが必要かというと、今この時代、AIをはじめ、技術革新のスピードがどんどん加速しているからです。

　将来、私たちの暮らしは、どのように変わっていくと思いますか。

10年後、20年後の未来予想図

　スーパーマーケットやコンビニエンスストアなどの小売店では、AIを活用すれば店員がいなくても販売できるので、今よりもっと無人の店が増えて、キャッシュレス化も進むでしょう。

　けれど、キャッシュレス決済は不正な利用などが起こりやすいので、セキュリティーの確保が重要です。それにはどのように対応すればいいでしょうか。

日本では少子高齢化で人口減少も進んでいるため、流通・運送業界では将来、圧倒的に労働力が不足すると予想されています。それをおぎなうために、ロボットの活用やドローンによる宅配便、空飛ぶタクシーなどが普及するだろうといわれています。

　商取引は世界規模になって、公認会計士や税理士の仕事も国境を越えて、海外の企業を相手にすることがあたりまえになるかもしれませんし、宇宙がビジネスの対象になる時代も遠くないかもしれません。

　小売業や流通・運送業、製造業などあらゆる業種で、新しい時代に合った対策が必要になることでしょう。そうなると、これまでになかった新しい職業がでてくるかもしれません。

　あと10年後、20年後に訪れるかもしれないそんな時代に、みなさんはどんな自分になっていたいですか。

実現したい自分に近づくために

　1章で、新しい専門科目として2022年度から「観光ビジネス」が加わり、観光地にある地域には、観光ビジネスに関係する学科を設けている学校があると説明しました。これは「実現したい未来の姿」から逆算した戦略といえるのではないかと思います。

　コロナ禍で訪日する外国人が減ってしまいましたが、政府は訪日外国人の数を、2025年にはコロナ禍前の約3200万人超えをめざし、2030年には6000万人を目標にしてい

ます。日本を「観光立国」にするには、これまで以上に地域の文化や観光の新たな見どころを発掘し、その魅力を世界に発信できる人材が必要になります。商業科高校ではマーケティング分野で「観光ビジネス」を教え、そういった人材の育成にも貢献しているわけです。

　今とは大きく違う環境になっても、AIを活用し、新しい職業に対応するのは、「人」です。それも明確な戦略を打ち出したり、具体的な提案力や解決力を発揮したりして、ビジネスを生み出すことができる人材です。

　ビジネスはあらゆる産業にかかわってきます。何の仕事をするにしても、ビジネスの基礎と英語を学んでおけば、きっと役に立つはずです。どんな力を身につけ、新しい時代を切り開いていきたいかを、ぜひ考えてみてください。

興味を 深掘り してみよう

高校時代だからこその活動を

　みなさんの地域の商業科高校には、全国あるいはその地域のスポーツ強豪校（きょうごう）があるかもしれません。野球、サッカー、バレーボールなど、中学校からあるポピュラーな運動部だけでなく、「高校に入学してから始めた」という部員がほとんどのフェンシング部やボート部、アーチェリー部などが、全国大会の常連校だということもありえます。

　硬式（こうしき）野球部が強い高校の場合は、甲子園（こうしえん）（全国高等学校野球選手権大会）やその予選となる地方大会に、チアダンスで盛（も）り上げるダンス部や吹奏楽部（すいそうがく）（ブラスバンド部）が同行して応援（おうえん）することもあります。大会やコンクールだけでなく、そういった特別な機会があることも、中学校にはない高校の部活動のおもしろさです。

　学習内容や授業だけでなく、部活動への興味も大切にしてください。いっしょになしとげることで生まれる仲間同士の連帯感や、大会やコンクールに出場したあとの達成感

など、部活動でしか味わえないこともたくさんあります。

　勉強も大事ですが、部活動に熱中する時期があってもいいのです。

興味や関心を将来につなげる

　商業科高校には簿記部や珠算部、情報処理部、商業研究部など、商業科だからこそある独自の部活動があると紹介してきました。独立した簿記部や珠算部はなくても、商業研究部の活動として、簿記や珠算を学習している学校もありますが、これらの部活動も運動部と同じように、競技会で優秀な成績を残すことをめざして活動しています。

　競技会には全商協会が主催するつぎのような全国大会があります。

●全国高等学校ビジネス計算競技大会
●全国高等学校ワープロ競技大会
●全国高等学校簿記競技大会
●全国商業高等学校英語スピーチコンテスト
●全国高等学校情報処理競技大会
●全国高等学校プログラミングコンテスト

　全国大会には年に一度、種目ごとに各都道府県から代表校が集まって、それぞれの知識や技術を競い合います。こうした活動にはげむことで、授業で学んだことが更新されて、どんな進路に対しても、役立つ知識や技術が強化され

ていきます。

参加の場は多彩にある

　商業科高校ならではの商業研究部の活動は、実に多様です。先ほども書いたように、簿記や珠算・電卓などの資格取得をめざして活動している商業研究部もあれば、全商協会が主催する「生徒商業研究発表大会」をはじめ、自治体が主催しているビジネスプランコンテストや地域の課題解

決に取り組むアイデアコンテストなどに積極的に参加して、優秀な成績を収めている商業研究部もあります。

　規格外のため売れ残りがちな地域のブランド野菜を販売して、食品ロスの削減に貢献したり、新しい商品開発を目標に工場見学や販売実習をしている商業研究部もあり、それぞれの学校で、まさに商業科高校の学びを象徴するような活動を展開しています。

得意なことを「強み」にしよう

　地域社会の課題として、何か気になったことがあったり、授業を受けて興味をもったら、それにかかわる部活動や地域活動などで、さらに知識を深め、思考力や行動力を身につけていきましょう。

　何かひとつでも取り組めるものがあるということ、また、たったひとつでも得意科目や得意分野があるということは、その人の「長所」ですし、自分に自信がもてるようになります。そして、「やっていて楽しい」と思えることが、何より大事です。

　興味をもったものがあったら、どんどん追いかけてください。商業科高校はそういう経験ができるところです。

どんな 進路 が あるの？

進学は推薦制度を利用する生徒が多い

就職でも進学でも自分に合った道へ

　ここ数年、商業科高校では大学や短期大学、専門学校に進学を希望する生徒が大幅に増えました。実際に進学率も上がっています。

　全商協会によると、ここ数年の進路状況では約60％の生徒が進学しているそうです。進学率が上がったのは、取得した資格を活かして、学校推薦型選抜や総合型選抜によって進学する人が増えてきたことが理由のようです。ここに書いた学校推薦型選抜などの入試方法については、この項の最後に説明します。

　では、進学先で多いのはどこだと思いますか。もっとも多いのが専門学校で進学した人の半数以上に及びます。つぎに30％強の私立４年制大学が続きました。

　進学が増えたとはいえ、就職に役に立つ知識やスキルを習得させることが、商業科高校の大切な役割であり、それを身につけたことが、生徒たちの強みです。学校や学科、

コースによって多少の差はありますが、平均すると約40％の生徒が就職しています。

就職先はさまざま

　経済状況の悪化や人材不足が深刻化する中、商業科高校の卒業生は身につけた資格や技術、特技を活かして、即戦力として活躍できることから、地元の企業からも期待されています。商業科高校は多くの地元の企業と連携し、安定して就職先を確保しているため、就職内定率はほぼ100％。ほとんどの生徒が、希望の職に就くことができると聞きました。

　卒業生の就職先はさまざまですが、職種として多いのは事務系の職種です。銀行や保険会社などの金融業界、電気やガス業界、鉄道や自動車、携帯電話会社などの運輸・通信業界など、幅広い業界の事務職に就職しています。

　事務職と並んで多いのが生産職です。生産職とは、人びとが社会を営むためになくてはならない仕事です。たとえば機械の組み立てや加工、食品の製造、伝票や帳票の印刷など、原料や材料から商品を作りだすことにかかわる仕事をさします。

　最近では、授業で学んだ情報処理やプログラミング、広告やマーケティングの知識を活かして、IT関連業界や広告業界などに就職する人も増えています。また地方公務員も人気の職種のひとつです。

進学は学校推薦型選抜の活用が多い

　普通科より普通科目の授業数が少ない商業科高校では、一般入試は難しいといわれてきました。もちろん一般入試で進学した人もいますが、商業科高校からの入試方法でもっとも多いのは学校推薦型選抜です。

　学校推薦型選抜には、「公募制（公募推薦）」と「指定校制（指定校推薦）」の２種類があります。公募推薦が大学からの指定がなくても、どの高校からも出願できるのに対

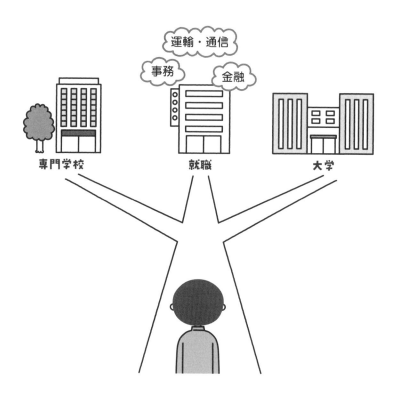

して、指定校推薦では自分が通っている商業科高校が、大
学から推薦校として指定されていなければ出願できません。

　指定校推薦の場合、ひとつの高校が推薦できる人数は限
られていますが、成績もよく、上級資格を取得していて、
高校から推薦してもらえれば、合格率はかなり高いといえ
ます。

　ほかにも総合型選抜といって、学校からの推薦が不要で、
書類審査と面接などによって総合的に判定するという入試
方法もありますが、自分から出願する方法なので、自分を
アピールするには、やはり資格の取得は重要です。

　さらに、商業科高校の生徒には「全商協会特別推薦（全
商推薦）」と呼ばれる入試方法があります。これは全商協
会が対象の大学に推薦してくれる制度です。

　推薦条件は大学によってかなり違いがあり、全商英語検
定１級（または実用英語技能検定準２級）が条件となって
いる大学もありますが、条件としてもっとも多いのは全商
簿記１級です。進学を希望している人は、全商簿記１級は
取得しておくとよいでしょう。

計画的、効率的な勉強を
自主的に進めよう

大岳美帆撮影

横浜市立横浜商業高等学校商業科
YBCクラス卒業　明治大学商学部　2年生

有馬 空 さん

一般入試で大学へ。受験対策をすれば、商業科高校からでも一般入試での合格は可能です。教員免許を取得するために、1年から教職課程を学んでいます。

商業科高校を選んだ理由

　中学生のときから、将来は教師になりたいと思っていました。社会科が好きだったので、高校ではより広く「社会」に関係する学問を学びたいと思っていたのですが、勉強をしているうちに、教師ではなくて、公務員になりたいと思うかもしれないし、一般企業に入りたくなるかもしれないという気持ちもありました。

　「社会」について広く学べて、どの道に行くにしても対応

できて、大学受験にも強い高校はどこだろうと考えました。その結果、僕がもっとも適していると思ったのが商業科高校だったのです。こうして横浜商業高等学校（Y校）商業科に入学しました。

大学受験に強い商業科高校

商業科のなかでも、1クラスだけあるYBC（Y-Ko Business Challenge）クラスを選択しました。YBCクラスは商業の専門分野も学びつつ、大学への進学をめざすクラスだと聞いたので、自分の目標に合っていると思ったからです。

商業科高校から大学に進学する場合、総合型選抜や学校指定型選抜を利用することが多いのですが、僕はそれも視野に入れつつ、一般入試をめざしていました。

YBCクラスは、受験にも役立つ英語教育が充実していました。英語でのコミュニケーション教育も重視していて、入学して1週間後にいきなり英語しか使えない2日間を過ごします。

それがY校教育支援センターという宿泊施設で行われる「ESC-Biz」です。日本語を使わずに、外国人の先生とコミュニケーションをとるのですが、入学してすぐだったので、新しいクラスメートとも仲よくなれるいい機会となり

ました。

　この英語合宿は2年生になってもありましたし、3年生になると選択科目で英語の授業をたくさん取れるので、英語力を身につけられるカリキュラムになっていたと思います。

強みは実学が学べること

　そのほか印象に残っているのは、実践的な授業が多かったこと。1年生のときのCP（キャリアプランニング）の時間に、企業から与えられた課題に対して、学生ならどのように解決していくかを探究するという授業がありました。僕は実在の企業から与えられた課題に対して解決策を探りました。

　2年生のときも「課題研究」の授業で、関東学院大学と連携して社会問題を考える時間があり、高校生でありながら、実学的な課題に挑戦できるのは、商業科高校ならではだと思います。特にY校は古い歴史と伝統があり、地域とのつながりが深い高校だからなのかもしれません。

文化祭や部活も楽しもう

　文化祭でも、自分たちが身につけた実践的なスキルを活かす催しが多いのも特徴です。「Y校祭」で思い出に残っているのは、何人かの仲間と学校指定のスクールバッグを販売する経験をしたことです。

　スクールバッグを売るのに、どのようにしたら赤字にならないかを考え、販売価格や数量を決めて仕入れをしました。文化祭の期間中は在庫の管理や売り上げの計算をし、最終的に売り上げた金額をみんなで分配しました。

　それぞれが手にした額は何百円かにすぎませんでしたが、仕入れから販売まで一連の流れを経験し、お金を稼ぐという実感が得られ、おもしろくて有意義な経験でした。

　商業科高校は全体的に部活が盛んな高校が多いと思いま

文化祭でスクールバッグの販売を宣伝する有馬さんたち。部活動ではトロンボーンも熱演！

す。Ｙ校も盛んで、硬式野球部は言うまでもなく甲子園出場校として有名ですが、軟式野球部も全国大会に出場する実力チームです。そのほか卓球部、ボート部も毎年優秀な成績を取っています。

　僕は 3 年間、吹奏楽部に所属し、トロンボーンを演奏していました。自分がいたころのＹ校は、吹奏楽コンクールや全日本高等学校吹奏楽大会 in 横浜などで、優秀な成績を残す強豪校として有名でした。

商業科高校を勧める理由

　大学に入って感じていることは、普通科を卒業した学生に比べたら、商業系の授業がものすごく楽だということです。商業の概論のような基礎的なことは、すでに学んでいたので理解が早かったし、日商簿記は高校時代に 3 級を取得し、大学に進学してから 2 級を取得したのですが、合格証を提出すれば、授業に出ていなくても簿記の単位がもらえました。

　そういうこともあるので、高校時代にもう少し積極的に検定の勉強をして、資格を取っておけばよかったなと思っています。僕は部活の大会やコンクールがあるとついそれ

を優先し、検定試験を受けられないことがありましたが、一般入試をめざしていたので、受験勉強は計画的に進めていました。

　僕がそうしたように、商業科でも一般入試で大学に進学することは十分可能です。大学進学も決めていないし、就職したいかもわからない。自分でも進路をどうしたいかわからないという人にも、商業科はお勧めできると思っています。「進路が決まっていないから、とりあえず普通科へ行く」というのなら、専門知識も身につけられ、最終的にはどんな道を選んでも通用する商業科高校も悪くないと思います。

大学ではアカペラサークルで活動（左から2人目が有馬さん）

公認会計士をめざすなら 商業科高校がだんぜん強い

愛知県立愛知商業高等学校経理科（現在は名称変更）卒業　株式会社アタックス

春日隆正さん

高校入学時から「ITに強い公認会計士になる」という夢に向かって勉強に打ち込みました。苦しいときもあったけれど、努力は自分を裏切らなかったと思います。

商業科高校に進学した理由

　中学生のときから IT に興味をもっていて、パソコンをさわることが好きでした。たまたま仕事図鑑のような本で公認会計士という職業を知ったのも中学のころです。調べてみると、会計と IT はとても相性がいい組み合わせで、現代社会ではどんな企業でも欠かせない分野であることがわかりました。

　僕はこの二つを身につけたいと思い、高校はそれを早い

うちから学べる商業科高校へ行こうと決めました。そして、自分が受験できる学校のなかで、特に大学への進学や資格取得の実績が多かった愛知商業高等学校（愛商）に進学したのです。

　愛商では2年生から学科に分かれて、専門分野を学んでいきます。将来の夢が「ITに強い公認会計士になる」ことだった僕は、経理科を選びました。部活も情報処理部に所属して、会計とITの勉強にはげみました。

熱心に勉強する人を応援する校風

　そのおかげで高校在学中に、会計分野では日商簿記1級に合格し、IT分野では全商協会の全国高等学校情報処理競技大会で優勝、さらにデータベーススペシャリストやネットワークスペシャリスト、ITパスポートなどの各種IT国家資格を取得することができました。

　国家資格の取得は大変でしたが、商業科高校では先生にお願いすれば、かなりしっかりと教えてくれるし、生徒同士でも、努力している人をバカにしない文化がありました。就職に役立つからと、資格を取るのに一生懸命勉強する人もいたので、たとえば「放課後に資格の勉強をしないか」と声をかけると、かなりの人数が集まって、いっしょに勉強することがよくありました。先生方も放課後も残って教

えてくれました。自分が夢を実現できたのも、そういう先生がいてくれたからこそだと思っています。

　部活も勉強の延長で、高校生活は勉強一色だったように見えますが、情報処理の全国大会に出場するためにメンバーといっしょに東京に行ったりしたし、合宿などでも楽しい思い出があり、それなりの青春はありました。

大学在学中の公認会計士試験に合格

　大学は推薦入試で、名古屋市立大学経済学部に進学しました。進学する上で会計やIT、英語をしっかり学んだことがアピールポイントになったので、商業科高校を選んでよかったなと思っています。商業科高校には卒業後は就職するイメージがあると思うのですが、最近は進学率もかなり高くなっています。

　大学に入学すると、すぐに公認会計士になる勉強を始めました。学部も2年生から学科に分かれて学びます。僕は会計ファイナンス学科を選びました。当時アルバイトもしていたので、公認会計士試験の勉強はかなりしんどかったのですが、大学2年生の夏に合格することができました。

　大学在学中に合格できたのは、やはり高校で簿記を学んでいたからだと思います。普通科から大学に進学した人が公認会計士をめざそうとすると、まずは会計から学ばなけ

ればなりません。僕はその会計の土台を高校の３年間でじっくり固めてきたので、早く受かることができたのかなと思っています。

ITの恩恵をすべての事業者に

　大学在学中に、監査法人に非常勤スタッフとして勤務して、「ITに強い公認会計士になる」夢の第一歩を歩み始めました。卒業と同時にその会社に正社員として入社し、公認会計士にしかできない財務諸表監査という業務にたずさわりました。

　その監査法人は大手だったので、顧客も大企業がほとんどでした。自分がITと会計のスキルを使ってやりたかったことのひとつが、まだITが普及していないような、比較的小さい会社にITを導入して、働いている人がより楽になる手助けをしたいということでした。そこで顧客に中小企業を多くもつコンサルティングファームに転職したのです。

　すべての事業者にITの恩恵を受けてもらいたいという思いは、中学校でITの役目を知ってから、ずっと変わっていません。僕にとってはすごく魅力のある分野であり、魅力のある仕事です。

公認会計士のやりがい

　中学生のころは公認会計士になりたいと思った理由を、明確に言葉にすることはできなかったのですが、職場の上司の言葉を借りるとつぎのようになります。上司は「公認会計士には、社会性と経済性と成長性がある」と言いました。社会性は社会の役に立つことで、経済性はある程度お給料がもらえるということ。成長性は仕事をすることで、自分が成長できるということ。僕が公認会計士をめざした理由は、この三つなんだと最近やっと整理できました。

　公認会計士に限らず、どんな仕事をする上でも会計、IT、英語のスキルは大事です。企業活動のベースになるので習得しておくと強い分野だと思います。仕事柄、営業部の人の話を聞くこともあるのですが、「会計を学んでおけばよかった」という声をよく聞きます。会社の売り上げのために営業しているので、売り上げの構造を分析するには会計の知識が必要だからです。

　さらに、高い英語力があれば、いうことなしです。僕は英語力がいまひとつだと思っているので、高校時代にもっとバランスよく勉強しておけばよかったと思っています。

ITの魅力を企業に活かしたい、と春日さん

これから高校を決める中学生へ

　実は、僕の家はあまり裕福ではなく、それが理由であきらめたことや挫折しそうになったこともありました。高校時代にはそれが結構コンプレックスでした。

　でも僕はそれに負けずに、自分ができることに集中しようと思いました。僕の場合はそれが勉強だったのですが、商業科高校ではわざわざお金をかけて塾に行ったり、留学をしなくても専門的な勉強ができます。授業料だけで、就職や進学に有利になる、さまざまな資格の勉強ができます。資格取得に限らず、企業とコラボして商品開発をしたり、マーケティング活動にかかわったり、そんな経験を授業の中でできるのです。

　経済的に資金をかけることができないからといって、やりたいことをあきらめなくていいのです。商業科高校だけでなく専門科のある高校にはいえることかもしれませんが、お金をかけなくても何かを手に入れられる、夢をつかめるチャンスが大きいのではないかと思っています。

　中学時代にはあまりイメージできないと思いますが、社会に出ると、その人に合った活躍の場がきっとあると思うのです。小中高を含めて学生時代に苦労したことやコンプレックスだったことは、社会に出たとき、逆に自分の大きな強みになると僕は実感しています。だからあきらめずに、将来自分を活かせる道を見つけてください。

卒業後、**第一志望**の **企業**に**就職**

愛知県立愛知商業高等学校経理科（現在は名称変更）卒業　丸眞株式会社

梅田晴香さん

在学中は商品開発や地域の活性化に力を注ぐ部活に熱中していました。部活の仲間は6人のうち5人が就職し、地元の企業で社会人としてがんばっています。

高校生の魅力的な活動

　中学生のとき、名古屋の新聞に、愛知商業高等学校（愛商）の生徒が地元の企業とコラボして商品開発をした、という記事が載っていました。授業でマーケティングを学び、その知識を活かして、実際に企業と共同で商品化したことを知り、高校生からそういうことができるということに可能性を感じて、とても印象に残りました。

　高校を決めるときは卒業後、大学に進学をするのか、就

職するのか、特にどちらにしぼるということもなく、学校案内を見ていたのですが、進学にも就職にも道が開ける商業科高校への期待と、新聞で見た魅力的な活動にひかれて、愛商に進学することを決めました。

　入学してみると、校則がかなり厳しいなと思いました。今は違うと思いますが、当時、制服のスカートの丈は、ひざが隠れるくらいと決まっていて、あいさつや対人マナーなどの礼儀に対しても、細かく指導されました。

　授業は1年生では学科には分かれず、「商業とはこういうものだ」ということを広く浅く学び、はじめて「簿記」や「情報処理」にふれました。2年目から専門学科に分かれて学ぶのですが、「簿記」をもう少し追究してみたいと思ったので、「簿記」に力を入れた勉強が比較的多かった経理科を選びました。

地域に根差した部活に熱中

　高校生活で思い出に残っていることは、なんといっても部活です。所属していたのは「ユネスコクラブ」といって、校舎の屋上でミツバチを飼育して、採れたはちみつを使って商品開発をしたり、地域の方と地域を盛り上げるイベントを企画するなど、校外活動も盛んな部でした。

　中学時代に見た新聞記事に登場していたのが、ユネスコ

クラブの前身の有志の集まりで、その生徒たちがいろいろな商品開発をしていたのです。あこがれていた取り組みに、部活動として私もたずさわることができたわけです。

　商品開発から販売までを手がけるので、かなり忙(いそ)しかったですが、地域の方と交流するのが楽しくて、私はほぼ毎日授業が終わると、部活に精を出していました。だから同級生からは「梅田は部活しかやっていなかった」と言われるのではないかと思います。

　部活動を優先していたので、全商検定は授業で勧(すす)められたもの以外、自主的に取り組んだものは少なかったですが、全商珠算・電卓実務検定(電卓)1級、全商商業経済検定1級、全商情報処理検定(ビジネス情報部門)2級、秘書技能検定2級、日商簿記検定2級、全商簿記実務検定1級、全商ビジネス文書実務検定(速度部門)1級を取得して、県から技術顕彰(けんしょう)を授与(じゅよ)していただきました。

屋上で養蜂をするユネスコクラブ。採れたハチミツは地域の人たちの人気商品に

高卒で就職を選ぶ

　進路については、2年生くらいからずっと考えていました。部活で商品開発のノウハウを学んでいたので、マーケティングの勉強にも興味はあったのですが、大学に行ってまで勉強したいとは思いませんでした。そこで2年生の後半に就職することに決め、3年生になってから、具体的に企業を選び始めました。ちなみに部活の同級生のうち進学は一人だけで、私を含めて残りの5人はみな就職でした。

　商業科高校では毎年、いくつもの企業から求人票が届きます。過去の履歴もわかるので、毎年どういった企業から求人があるのかを調べたりしました。

　卒業生が入社しているということは、企業側もある程度、愛商生のことを知っているだろうし、受け入れ態勢もあるのではないかと思いました。先輩が勤めているということが私の安心材料になりました。

今の会社を選んだ理由

　現在の勤務先である丸眞株式会社に決めたのは、3年生の夏でした。高卒の採用は生徒の成績順で決まります。成績のよい人から、志望する会社に採用されていくという感じです。私の場合は、就職をしたい企業を第5希望くらい

まで出しました。私の成績は中の上くらいだったのですが、第一希望だった丸眞から採用通知をいただくことができたのです。

名古屋に拠点を置く丸眞は、タオルや雑貨を扱っている繊維会社なのですが、子どものころからこの会社を知っていたわけではありませんでした。

企業の参考資料といっしょに高校に置いてあった商品カタログを見たとき、「欲しいな」と思う商品がたくさんあり、そのどれもが友人や家族に、自信をもって勧められる質の高い商品だと感じたのです。そういったモノづくりをしている会社で仕事をすることは、自分の誇りになるんじゃないかなと思いました。

またタオルなどは、いわば生活必需品なので、仕事自体なくなることはないだろうと考えたり、会社が家から近い場所にあるので、長く勤めるのであれば、通いやすさも大事かなとも思いました。

新卒採用と教育を担当

今は「経営戦略室」という部署で、主に採用と新入社員教育を担当しています。大卒と高卒の新卒採用を担当し、入社式の準備や新入社員の研修の対応など、モノというよりヒト、経営みたいな部分にたずさわっています。入社し

て１年目はいわゆる総務の部署にいて、２年目に異動して、現在の業務にかかわるようになりました。

　高卒採用の活動で、商業科高校以外の高校に行くことがありますが、愛商の方が、学生さんの基本的なあいさつや礼儀（れいぎ）、服装（ふくそう）などが、しっかりしているなと思うことが少なくありません。また、大卒の人などと比べてみても、マナーができているなと思うことが多々あります。

商業科高校で身につけられるもの

　商業科高校は昔（むかし）から高卒で就職する人が多かったためか、先生方が「社会に出たときに、人としてきちんとしたふるまいができるように」ということを、教育方針として大切にしてきたのかもしれません。

　礼儀（れいぎ）やマナーについて、高校生のときは「厳しすぎるのでは？」と思っていました。当時も先生方は「社会人になったら、あたりまえのことだよ」と説明してくれていたと思うのですが、そのころの私たちはまだ「将来のためだ」とは思えなかったのだと思います。

　でも今、ふり返ってみると、商業科では社会人になることを見すえた指導が、徹底されていたのだなと実感しています。厳しく指導していただいたことが身についていて、社会人になって活かされているのだと思っています。

自分の道を**切り開く**
力が養えます

編集部撮影（以下同）

栃木県立宇都宮商業高等学校商業科
卒業　同高等学校の英語教諭

新井　廉さん

卒業して就職後、通信制大学で学び退職、留学、大学への編入。信じる道を歩めたのは高校時代に目的意識やチャレンジ精神を養えたからだと思います。

大好きな兄と同じ道へ

　兄が宇都宮商業高等学校（宇商）の野球部に入っていて、3年生の春、選抜高等学校野球大会に出場しました。私はそのとき、中学3年生でした。大好きな兄の勇姿を見て、私も兄と同じ宇商のユニホームを着て、甲子園に行きたいと思いました。中学3年のときはまだ何になりたいか決まっていなかったので、まずは好きだった野球を兄と同じユニホームを着てやり、兄から聞かされていたように就職も

進学も100%叶うという環境で、自分を試してみたいと思って、宇商に進学しました。在学中は商業科でした。

卒業後、地元の企業に就職

　高校を卒業したあと、私は推薦された地元の企業に就職しました。勤務しているうちに、また別のことをやってみたいと思うようになり、社会人2年目のときに、働きながら通信制の大学で勉強し始めました。

　働いていたため、お金には少し余裕があったので、何度か海外旅行に行きました。英語が得意ではなかったので、あまり話せなかったのですが、カルチャーショックを経験し、もっと異文化を理解したいと思いました。それにはやはり英語力が必要です。

　どうしても話せるようになりたいと思ったので、会社を2年で辞め、通信制の大学2年生をしながら、独学で1年間みっちり英語の勉強をしました。そして大学2年までの単位を取得してから、カナダに留学しました。

地域で有名な「宇商通り」。校内では貿易・商品の守護神でもあるマーキュリー像が宇商生を見守ってくれている

宇都宮大学に3年次編入

　　新型コロナウイルス感染症が発生したため、長期間の留学はできなかったのですが、帰国してから、身につけた英語力と通信制大学で取得した2年間の単位を使って、宇都宮大学国際学部への3年次編入試験を受け、合格することができました。

　　英語の教員の資格を取るために、母校である宇商で教育実習をさせてもらったところ、定時制課程で非常勤の教員の枠が空いているという話をいただいて、その年の秋から非常勤で、英語を教えることになったのです。次年度から

は、宇商で英語科の教員として常勤となります。

一生の友だちができた

　高校生活をふり返ると、うれしかったことが二つありました。ひとつは野球部の最後の夏の大会で、念願のレギュラーの座を勝ち取ったこと。もうひとつは、いろいろな資格検定に挑戦できたことです。

　検定の成績というより、クラスメートとはげまし合いながらがんばったことはいい思い出です。クラスメートや部活のチームメートとは、苦しいことをいっしょに乗り越えたので絆が深まり、卒業してから何年経っても連絡を取り合い、年末年始は集まって、みんなで飲み会をすることもあります。このような一生の友だちができたのは、さまざまな挑戦ができる環境にいたからかなと思っています。

社会で生き抜く力がつく

　私は今、英語を活かす仕事についているので、商業科高校を出たこととは関係ないじゃないかと思われるかもしれ

129

ませんが、私自身は決してそうではないと思っています。

　宇商だけではないと思うのですが、商業科高校では、ビジネスへの向き合い方や社会人としてのあいさつ、身だしなみなど、教科書の勉強以外のことも教育してもらえます。「社会で一人で生き抜く力を身につける」ことは現在、教育目標のひとつといわれていますが、まさにそれが養われたと思います。

　だからこそ私は、社会に出てからも、いろいろな選択肢がある中でみずからが決め、「なりたい自分」を実現することができました。英語を勉強するなら、普通科高校のほうがよかったのかもしれませんが、教科以外の力がついたのは宇商を卒業したからこそだと思っています。

商業科高校で学べること

　商業科高校の魅力は、なんといっても実学を学べることです。商業科高校では一般的な勉強に加えて、商業の勉強ができ、視野を広げることができます。自分の可能性を試したいとか、ほかの道に行きたいという場合にも、私がトライしたように、本人の希望とやる気しだいで、いくらでもやりようがあります。

　商業科高校のなかには宇商のように就職率、進学率ともに高い高校もあるので、将来の選択肢が増えるのではない

かと思います。社会に出たら、ビジネスには必ずかかわります。商業科高校ではそのビジネスに不可欠なマナーを、しっかり身につけることができます。社会に出たら100％必要なことを高校から学べるのは貴重なことだと思います。

中学生へのメッセージ

中学生にこれだけは伝えておきたいことがあります。それは、英語はやっておいたほうがいいということ。

英語でコミュニケーションすることができれば、海外でもビジネスができますし、たとえば商業プラス英語ができると国際的な会計士資格が取れるなど、世界が広がっていきます。学会発表や論文なども英語で全部できれば、海外でも活躍できます。

どの分野に進むにしても、英語は中学校のうちから一生懸命勉強しておくことをお勧めします。そして、使える英語力をつけるためには、アウトプットする（話す、書く）ことが大切！　日本人は文法ミスをこわがって、しゃべるのをためらうことが多いけれど、アウトプットをしていかないと「使える英語」は身につきません。英語でのコミュニケーション能力を上げるためにも、アウトプットすることを意識してくださいね。

5章

商業科高校を
めざす！

地域で商業を学べる 学校をさがそう

中学校の先生に聞き、ネット検索も活用

高校からの発信情報をキャッチ

　商業科高校での学習内容や授業は、その地域や学校のある自治体の特徴を活かすため、それぞれに違いがあります。たとえば産業が多い中核都市と農業が主な産業の地域の高校では、卒業後の進路にはかなり違いがあるはずです。

　そのため自分が通学できる商業科高校が、どのようなことに力を入れていて、どのようなことが学べるかを知ることは、きわめて重要なことだといえます。

　みなさんが通っている中学校の先生は、商業科高校の実情や商業の専門教育については、くわしくないかもしれませんが、まずは中学校の先生に相談し、地域にどんな商業科高校があるか調べてみましょう。

　学校によっては、ホームページで「学校紹介」や「学科紹介」だけでなく、文化祭の様子や部活動の様子を動画で配信しています。なかには Twitter、Instagram、Facebook などの公式サイトをもち、情報を発信している

高校もあります。

オープンスクールに参加しよう

　インターネットの情報だけでなく、地域の商業科高校が実施していれば「一日体験学習」や「オープンスクール」に参加するとよいでしょう。「一日体験学習」や「オープンスクール」は「学校説明会」と違って、各学科の模擬授業や部活動を体験することができます。高校生活を具体的にイメージすることができるので、実際に体験し、自分の目で見て、授業や先生、在校生の雰囲気を知ることは、とても大事なことです。身近な商業科高校について、十分な情報をキャッチして、進学の意志を固めてください。

　商業科高校への進学方法には、一般入試のほかに推薦選抜入試と特色選抜入試があります。推薦選抜入試には中学校長の推薦が必要ですが、特色選抜入試は中学校からの推薦書が必要ない入試方法です。その高校に進学したいという「自分」を面接や作文、あるいは基礎学力考査によって打ち出す、いわば「自己推薦型入試」です。その高校が示す一定の基準を満たしていれば、誰でも特色選抜入試を受験することができます。

　商業科高校では特色選抜入試を実施しているところも少なくありません。ある学校では新入生の3割が特色選抜入試で、7割が一般選抜入試での入学だと聞きました。

どんな人が向いている？

やりたいことがある人もない人も！

公認会計士や税理士をめざす人

　公認会計士は、主に企業の決算書が正しいかどうかをチェックする監査という業務を行う「会計のスペシャリスト」です。税理士は、企業を運営する上で必要な税務書類の作成から指導、アドバイス、税務上の経営コンサルティングなどを行う「税務のプロフェッショナル」です。

　どちらも難易度の高い試験に合格してはじめて、手にすることができる国家資格ですが、商業科高校ではそのために必要な日商簿記検定１級までの勉強ができます。

　商業科高校で学んでおけば、大学、専門学校在学中での資格取得も夢ではありません。最短コースで夢を叶えた先輩も少なくありません。

資格取得に意欲のある人

　特定の資格はめざしていないけれど、商業系科目や英語

分野で、将来役に立ちそうな資格を手に入れておきたいと思っている人は、商業科高校を進学の選択肢に入れてもよいのではないでしょうか。

検定試験の前は特に朝早く登校して授業の前に勉強したり、7時限目や放課後にも勉強をすることになり、大変には違いないのですが、検定や資格によっては数多くの大学や専門学校などで、推薦入試の基準や単位認定の対象になるものがあります。

日頃からコツコツと勉強することが好きな人には、商業科高校は向いていると思います。

コンピュータに興味や関心がある人

商業科高校で行われている情報処理の授業では、さまざまなアプリケーションソフトを利用して、情報の収集や分析などを学びながら、情報活用能力を身につけます。

また、コンピュータを動かすための基本的な考え方や、ソフトウエアを作成するためのプログラミング言語も学びます。コンピュータに興味や関心がある人にとっては、ワクワクする学びがたくさんあるはずです。

AI の導入などによって、さらに IT 化が進むことが予想され、IT エンジニアやプログラマーの人材不足が懸念されています。コンピュータに興味をもち、IT 技術者をめざして学んでいる先輩も数多くいます。

公務員になりたい人

　商業科高校のなかには、就職希望者の半数以上が公務員になったという高校があります。就職希望者を対象にして、公務員ガイダンスや公務員勉強会を実施している学校もあり、公務員は安定した職業のひとつとして、根強い人気があるようです。

　高卒者を採用している公務員の職種には、初級公務員の行政職や学校事務などの地方公務員のほかに、経済産業省や国税庁に所属する税務職員などの国家公務員がありますが、半数が公務員になった学校の卒業生は、県内の市役所、警視庁や県警、裁判所、陸上自衛隊などに就職していました。

　公務員試験には学歴による区別はないので、高卒でも試験を受けることができます。「普通科でなければ受からない」ということもなく、逆に商業科高校で学んだ簿記や会計処理、情報処理や経済の知識は、公務員の仕事にも活かすことができるのです。

将来商業系の大学などに進みたい人

　商学部、経営学部、経済学部など商業系の学問を学ぶ大学に進学したい人には、商業科高校で商業の基礎を学び、必要な資格を取得することが、早道だといえます。

　これまでもお話ししたように、大学進学については学校推薦型選抜（公募制、指定校制ともに）や全商協会特別推

薦制度による入試ができ、高い合格率を誇っています。

将来何をしたいか決まっていない人

　商業系の科目や検定や資格の勉強だけでなく、「課題研究」や「総合実践」のように、ビジネス課題を発見し、「なぜそうなるのか」を突き詰めていく学びや、クリエーティブなことが好きで、マーケティングにも興味がある人には楽しめる「商品開発」など、実践的な授業もあります。

　何をしたいか決まっていない人も、そんな授業に打ち込んでいるうちに、何かやりたいことが見つかるかもしれません。

おわりに

　商業科高校の魅力を理解していただけたでしょうか。商業科高校への
イメージは変わりましたか。

　「はじめに」にだけでなく本文にも、現代は社会の変化が思いのほか速
いと書きましたが、この3年間でさえ、みなさんも世の中が急速に変わ
ったことを実感したと思います。
　それは、新型コロナウイルス感染症のパンデミックという、思いもかけ
けない災いが発生したからなのですが、世の中には予想がつかないこと
が起こるものです。
　コロナ禍による負の影響は、とても大きいものでしたが、一方で、テ
レワークやオンライン授業など、これまであまり進んでいなかった分野
のデジタル化やIT化が進みました。

　経理業務のデジタル化にも注目が集まっていて、高性能な会計ソフト
があれば、専門知識がなくても帳簿を作成することができるようになり
ました。けれど、簿記の仕組みを理解し、財務状況を把握するスキルが
なければ、本当の意味でのマネジメントはできません。
　経理業務をデジタル化するなら、これまで必要だった何が必要ではな
くなり、どんな人材が必要になるのか、新たな課題がつぎつぎに出てき
ますが、そうしたことを解決できる若い人たちが商業科高校から巣立っ
ていくのです。

商業科高校には100年以上の歴史をもつ学校が少なくありませんが、時代を見すえて、教育内容の見直しや制度の改革に取り組んでいる学校が何校もありました。新しい学科も続々と生まれています。

　本書の取材を通して、商業科高校の先生方がビジネスの重要性とおもしろさを伝えようと奮闘し、生徒一人ひとりが社会人として、その人なりの豊かな道を歩めるよう、熱心に指導している様子を見て、こちらも応援したくなりました。

　多様性や専門性が重んじられる現代だからこそ、就職にも進学にも必要な知識やスキルを学べ、予想もつかない自分の未来を、自分で切り開くだけの意志や力を身につけられる専門科高校は、もっと認知されていいし、選ばれていいと思いました。

　この本によって、中学生のみなさんに商業科高校の魅力が少しでも伝われば、うれしいです。

［著者紹介］

●大岳美帆（おおたけ みほ）

フリーライター・編集者。編集プロダクション勤務を経て独立。社史やホリスティック医療系の会報をメインに執筆するほか、著書に『子犬工場―いのちが商品にされる場所』（WAVE出版）、『大学学部調べ 経営学部・商学部』『環境学部』『人間科学部』（ぺりかん社）などがある。

なるにはBOOKS 高校調べ

商業科高校 ———中学生のキミと学校調べ

2023年8月20日 初版第1刷発行

著　者　大岳美帆
発行者　廣嶋武人
発行所　株式会社ぺりかん社
　　　　〒113-0033　東京都文京区本郷1-28-36
　　　　TEL　03-3814-8515（営業）
　　　　　　　03-3814-8732（編集）
　　　　http://www.perikansha.co.jp/
印刷・製本所　株式会社太平印刷社

「なるにはBOOKS」は株式会社ぺりかん社の登録商標です。

＊「なるにはBOOKS」シリーズは重版の際、最新の情報をもとに、データを更新しています。